LIBÉREZ LES ESPRITS

LIBÉREZ LES ESPRITS

Dissipez l'énergie négative et
aidez les fantômes à passer de l'Autre côté

Diana Palm

Traduit de l'anglais par
Laurette Therrien

ADA éditions

Titre original anglais : Setting Spirits Free

Éditeur : François Doucet
Traduction : Laurette Therrien
Révision linguistique : L. Lespinay
Correction d'épreuves : Nancy Coulombe, Carine Paradis
Conception de la couverture : Matthieu Fortin
Photo de la couverture : © Thinkstock
Mise en pages : Sébastien Michaud
ISBN papier 978-2-89733-760-5
ISBN PDF numérique 978-2-89733-761-2
ISBN ePub 978-2-89733-762-9
Première impression : 2014
Dépôt légal : 2014
Bibliothèque et Archives nationales du Québec
Bibliothèque Nationale du Canada

Éditions AdA Inc.
1385, boul. Lionel-Boulet
Varennes, Québec, Canada, J3X 1P7
Téléphone : 450-929-0296
Télécopieur : 450-929-0220
www.ada-inc.com
info@ada-inc.com

Diffusion

Canada :	Éditions AdA Inc.
France :	D.G. Diffusion Z.I. des Bogues 31750 Escalquens — France Téléphone : 05.61.00.09.99
Suisse :	Transat — 23.42.77.40
Belgique :	D.G. Diffusion — 05.61.00.09.99

Imprimé au Canada

Participation de la SODEC.
Nous reconnaissons l'aide financière du gouvernement du Canada par l'entremise du Fonds du livre du Canada (FLC) pour nos activités d'édition.
Gouvernement du Québec — Programme de crédit d'impôt pour l'édition de livres — Gestion SODEC.

Je dédie ce livre à toutes les personnes qui cherchent la vérité et qui répondent à l'appel pour aider le monde des esprits.

À la tendre mémoire de Dickie Cool Jr. et Mary Schlangen.

Table des matières

Prologue

J'ai reçu cet appel tard le soir. Une de mes amies avait besoin d'aide. En rentrant chez elle après sa journée de travail, elle avait trouvé sa maison en plein chaos, encore une fois. Cela faisait trois jours que son chien aboyait sans arrêt et il était épuisé. Elle s'inquiétait que son chien ne dorme pas et ne mange pas parce qu'il était extrêmement agité. Tout en écoutant mon amie, j'entendais son chien aboyer, grogner, aboyer. C'était sans arrêt, comme elle me l'avait expliqué : « Je ne vois pas qui cela peut être, mais il y a quelqu'un ou quelque chose ici. Peux-tu m'aider ? »

J'ai fermé les yeux et je suis montée vers la lumière pour me connecter. Puisque mon amie habite dans un autre État, j'ai visualisé sa maison à distance. Immédiatement, j'ai senti la présence de plusieurs entités. Certaines étaient du type inoffensif, amical ; d'autres étaient menaçantes et diaboliques. Mon amie m'a alors expliqué que des épisodes similaires s'étaient produits par à-coups et que la dernière fois, elle avait commencé à porter une amulette à son cou pour se protéger. Puis, quelques jours plus tôt, son pendentif avait disparu. Un jour, m'a-t-elle raconté, il était dans son coffre à bijoux, et le lendemain, il n'y était plus. Elle vivait seule et savait qu'elle n'avait pas laissé son pendentif à la mauvaise place. Se sentant vraiment protégée par cette amulette, elle y faisait très attention lorsqu'elle l'enlevait pour se doucher. Jusqu'au jour où, voulant enfiler son pendentif, elle s'est aperçue qu'il avait disparu, littéralement. Cela se passait trois jours avant son appel téléphonique et avant le début des trois journées infernales qu'elle venait de traverser.

J'ai commencé à chasser les énergies à l'intérieur et autour de sa maison, en les renvoyant directement à Dieu. La réaction du chien me disait qu'il pouvait les voir s'en aller, mais il n'était pas rassuré au point de se coucher et de cesser d'aboyer. J'ai continué à chasser les esprits rebelles et attachés, puis j'ai rempli sa maison de lumière pour y neutraliser l'énergie. Quand elle a senti le changement, mon amie a lâché un soupir de soulagement. Tout était silencieux. Son chien l'avait senti lui aussi. Finalement, il a étendu son petit corps épuisé pour se reposer. Fini la terreur, nous avions gagné la bataille. Les envahisseurs invisibles étaient partis, et ce chien avait fait du bon travail pour protéger sa maîtresse d'un danger qu'elle ne pouvait voir.

Il restait une chose. Je me suis sentie guidée vers une pièce au bout du couloir. J'étais allée une seule fois au domicile de mon amie. Je savais donc que sa chambre était à gauche, au bout du couloir, mais je n'arrivais pas me rappeler quelle pièce se trouvait à droite. Je lui ai demandé de me dire si la porte de droite était fermée. Elle m'a répondu par l'affirmative. Je lui ai demandé d'aller ouvrir cette porte — il y avait quelque chose dans cette pièce. Ne sachant pas ce que pouvait être cette chose, ma demande l'incommodait. Mais en regardant son chien qui se reposait tranquillement, elle s'est sentie rassurée et s'est rendue au bout du couloir et a ouvert la porte.

Un autre soupir ! Elle a mis un certain temps avant de me dire ce qu'elle venait de découvrir. Par terre, dans la pièce vide, gisait le pendentif qui avait mystérieusement disparu ! Elle m'a expliqué qu'elle n'entrait jamais dans cette chambre. C'était une pièce supplémentaire et il était illogique que son pendentif se soit retrouvé là. Elle a posé le combiné une minute et je suis restée connectée à son énergie pour voir au travers. Au bout d'un moment, j'ai vu émaner une belle énergie bleue autour d'elle, puis j'ai senti et vu la Vierge Marie. Je lui ai dit que Marie venait d'arriver et qu'elle l'entourait. Ensuite, mon amie m'a dit qu'elle venait de remettre le pendentif à son cou et que c'était la médaille miraculeuse de la Vierge Marie.

Je n'ai pas toujours réussi à utiliser mes dons avec autant d'efficacité que dans l'épisode que je viens de vous décrire. Si vous poursuivez votre lecture, je vous dirai ce qui a fonctionné pour moi et comment vous pouvez, vous aussi, travailler en toute confiance avec le monde des esprits.

Introduction

On trouve plusieurs bons livres sur la spiritualité, et des douzaines sur la chasse aux fantômes, ou ce que nous appelons aujourd'hui les enquêtes paranormales. Il semble pourtant y avoir un vide quand vient le temps d'instruire les personnes qui se passionnent pour les fantômes et la façon de discerner les esprits. Il peut être amusant et excitant d'essayer de communiquer avec un fantôme, jusqu'à ce que vous rencontriez quelque chose de menaçant ou de potentiellement nuisible.

Heureusement, il existe plusieurs groupes d'enquêteurs du paranormal équipés pour venir chez vous et vous assister. Bien que certains arriveront à identifier le fantôme et à capter des preuves irréfutables de sa présence, ils ne sauront peut-être pas comment vous débarrasser d'un visiteur indésirable. La plupart des formations offertes par des experts en paranormal se concentrent sur la manière d'utiliser les appareils et de passer les preuves en revue. Ils n'offrent pas grand-chose sur la façon de comprendre ces êtres éthériques ou de purger une demeure d'un fantôme furieux. Ce livre a pour but de vous montrer comment vous pouvez communiquer sans risque et efficacement avec le monde des esprits, et comment vous débarrasser d'un fantôme.

Je suis instructrice de Thetahealing^{MD}, et j'enseigne comment communiquer avec les esprits. Mon principal objectif est la guérison, ce qui inclut de travailler avec des esprits qui ne sont pas encore entrés dans la lumière. Bon nombre de mes clients viennent me voir lorsqu'ils ont du mal à faire leur deuil à la suite de la perte d'un être cher. Durant une séance de guérison, il arrive souvent que ce dernier m'apparaisse. Je peux dire si l'esprit a besoin d'aide pour traverser, ou s'il se manifeste uniquement pour offrir amour et soutien. J'ai été en mesure d'utiliser mes dons pour purger des maisons hantées, et j'ai travaillé avec plusieurs groupes d'enquêteurs du paranormal. Au fil des ans, de nombreux groupes du paranormal du monde entier m'ont contactée pour que je les aide à résoudre des cas difficiles. Mes compétences me permettent de chasser les entités les plus noires avec lesquelles plusieurs groupes évitent de travailler. J'ai eu des possibilités de purger des maisons à distance, de communiquer avec des patients dans le coma, de fermer énergétiquement des portails, et de chasser pour de bon des entités diaboliques. Mes aptitudes pour travailler avec le monde des esprits ont enrichi mon travail d'enquêteuse du paranormal, de médium et de guérisseuse.

N'importe qui peut faire le travail que je fais. Cela peut prendre un certain temps avant d'apprendre les nuances du travail avec le monde des esprits, mais ce livre vous montrera comment utiliser l'onde cérébrale thêta pour réussir à communiquer avec l'autre monde. En étant davantage conscient du fonctionnement du monde des esprits, vous serez en mesure de purger une maison hantée et de vous ouvrir à la communication avec un être cher décédé. L'apprentissage du paranormal augmentera votre compréhension du travail avec les fantômes et les esprits, de même que votre efficacité dans ce domaine. L'information contenue dans ce livre est le fruit d'une vie de travail direct avec les esprits. Plus vous approfondirez votre connaissance du monde des esprits, plus vous vous sentirez confiant pour chasser les entités noires et protéger votre foyer des fantômes.

On dit d'une personne qui communique avec le monde des esprits que c'est un médium. Un médium a le net avantage de savoir détecter la présence d'un esprit, et il peut utiliser son corps et sa tête pour communiquer. Tout le monde a ce qu'il faut pour devenir médium. Je crois que nous sommes tous nés ouverts à ces capacités et que nous les refermons lentement en prenant de l'âge. Certains médiums conservent les aptitudes de la tendre enfance ; d'autres développement leurs talents à l'âge adulte. Nous apprendrons pourquoi nous fermons la porte à ces talents, et comment nous ouvrir à nouveau au monde des esprits qui nous entourent.

Bien que la plupart des médiums puissent accéder au monde des esprits plus facilement que le public en général, cela ne veut pas nécessairement dire qu'ils sont compétents pour traiter les fantômes. Pour chasser un fantôme ou délivrer une maison hantée, le médium devra comprendre en profondeur le fonctionnement intérieur du monde des esprits. La plupart des médiums peuvent établir une connexion avec le proche décédé d'une personne, mais ils ne connaissent peut-être pas la différence entre un fantôme qui est resté prisonnier ici-bas et un esprit qui est entré dans la lumière, et ils ne savent peut-être pas comment aider une âme piégée à passer de l'Autre côté. Ce livre vous expliquera les types d'énergie propres aux esprits que vous pourriez rencontrer et la manière de les aider.

L'autre problème que l'on rencontre en travaillant avec le monde des esprits, ce sont les entités plus noires qui font des ravages chez les vivants. Nous verrons à quoi ressemblent ces esprits, et comment il est facile et sans danger de les chasser. Prenez-en ma parole, si vous passez plus de temps dans l'onde cérébrale thêta, vous *verrez* toutes sortes d'esprits. Ils existent sur différentes fréquences et ont tendance à rester autour des vivants sans qu'on les détecte. Vous serez bientôt capable de voir au travers de dimensions surnaturelles qui vous étaient sans doute invisibles auparavant. Il est important de noter que les techniques explicitées ici vous permettront de chasser n'importe quel type d'entité.

Dans ce livre, je ferai référence à ma connexion à la lumière, et je dirai parfois « Dieu », parfois « Créateur ». Je ne parle pas d'une perspective religieuse. Quand je dis communiquer avec le Créateur, c'est en fait au Créateur de toutes choses, ou à Dieu, que je m'adresse. Je ne fais aucunement référence à quelqu'un qui se revendiquerait d'une religion en particulier. Votre religion, si vous en avez une, n'a pas d'importance. Chacun a le droit divin de se connecter à la lumière et d'accéder au Créateur de toutes choses.

Pour réussir la communication avec les esprits, discerner les esprits, et pouvoir aider les fantômes à traverser, nous utiliserons l'onde cérébrale thêta pour accéder aux plus hautes dimensions de la lumière qui nous connectera à l'énergie du Créateur. Si ce concept est totalement nouveau pour vous, ne vous en faites pas, je vous montrerai comment y arriver. Pour celles et ceux d'entre vous qui travaillez déjà avec la lumière, il pourrait s'agir d'une connexion plus élevée à la lumière que celle que vous avez utilisée dans le passé. Lorsque vous puiserez à cette énergie, cela ne vous épuisera pas, vous ne vivrez pas de drame et ne serez pas limité à ce que vous voyez. La communication avec le monde des esprits sera facile et vos messages seront clairs. Afin d'expliquer pourquoi la technique de Thetahealing^{MD} est si efficace, vous devrez avoir une compréhension de base des ondes cérébrales. Je vous l'expliquerai au chapitre 2.

De nombreuses personnes cherchent à comprendre et à communiquer avec le monde des esprits pour toutes sortes de raisons. Il y a ceux qui ont perdu un être cher avec qui ils aimeraient rétablir le contact. Ceux qui vivent dans une maison hantée, et ceux qui travaillent avec une équipe du paranormal et qui aimeraient parfaire leurs aptitudes. Il s'est produit un changement vibrationnel sur notre planète, et bien des gens assistent à des événements paranormaux et voient des fantômes pour la première fois. Il importe de comprendre que ces êtres ont toujours été ici, qu'ils existaient autour de nous, mais qu'ils étaient invisibles à l'œil humain. Maintenant que plus de personnes arrivent à les voir, les signalements de fantômes ont considérablement augmenté, et les gens cherchent de l'aide désespérément. Je vous assure que vous n'êtes pas en train de perdre la tête. Prenez une profonde respiration… et continuez à lire pour apprendre comment vous pouvez purger les dimensions surnaturelles autour de vous et assurer la sécurité de votre foyer.

1
Les yeux grands ouverts

J'ai travaillé avec le monde des esprits pendant la plus grande partie de ma vie. D'aussi loin que je peux me souvenir, ce monde a toujours exercé sur moi une fascination inégalée. Quand j'étais jeune, je me souviens être allée dans des villes fantômes et avoir ressenti une immense tristesse pour toutes ces âmes égarées. Je ne voyais pas toujours les fantômes, mais je pouvais les sentir autour de moi. Arrivée à l'adolescence, mes expériences sont devenues plus nettes sur les plans auditif et visuel.

J'ai grandi dans une famille catholique orthodoxe, et à cause de mes expériences avec les esprits, je craignais que quelque chose cloche chez moi. Une fois, j'ai parlé à ma mère d'un esprit qui était venu me voir après avoir demandé à Dieu de me guider, et elle m'a répondu que c'était probablement le diable qui s'était déguisé. Je savais que l'esprit était un messager de la lumière, car après sa visite, j'ai pu y voir clair concernant une situation difficile que je traversais. Cependant, les paroles de ma mère étaient restées gravées en moi, comme c'est souvent le cas lorsque vos parents vous prodiguent leurs conseils, quels qu'ils soient. Même si je ne doutais pas de ce que j'avais vu ce soir-là, son avis m'a donné envie d'apprendre à discerner les esprits.

Ma mère vouait une telle dévotion à Dieu, qu'elle passait une grande partie de son temps à prier, et elle me disait parfois avoir eu des visions ou des visites des anges. Les mots *psychique* et *médium* n'étaient jamais utilisés chez nous, et les commentaires à ce sujet étaient pour la plupart négatifs. J'ai grandi en sentant que je ne voulais définitivement pas accepter cette partie de moi, à moins d'être sûre que c'était bien. Inutile de dire que j'ai passé des heures et des heures à la bibliothèque, à étudier le sujet d'un point de vue purement scientifique. Puis, en 1995, j'ai fait un pèlerinage spirituel à Medjugorje, en Bosnie, où j'ai rencontré un saint prêtre qui avait des dons psychiques. Lorsque quelqu'un oubliait délibérément certains péchés durant une confession, il les lui rappelait aussitôt. J'ai fini par accepter de croire que les dons intuitifs n'avaient rien de mauvais, mais qu'ils devaient être utilisés pour le bien de l'humanité.

J'ai traversé quelques périodes très sombres où je me suis sentie complètement seule et abandonnée. Chaque fois, une voix s'élevait, claire et audible, et même si j'ignorais de qui il s'agissait, elle me semblait familière. Cette voix a tout changé pour moi, car j'ai pris conscience que je n'étais jamais vraiment seule. J'ai accepté cette voix comme un appel de mon ange gardien, et j'ai compris que j'étais protégée par le monde des esprits.

Avant que je décide de tomber enceinte, ma future fille s'est elle aussi adressée à moi du monde des esprits. Cela m'a estomaquée, car j'étais sur le point de divorcer et je n'avais pas de compagnon. Elle m'a dit qu'elle serait une fille et qu'elle s'appellerait Alanna. En menant des recherches sur ce nom, j'ai découvert que cela signifiait « éveil ». Oui, j'ai su intuitivement qu'elle serait mon éveil, car j'aurais beaucoup de choses à apprendre afin d'être une bonne mère pour Alanna. Je pouvais entendre sa précieuse petite âme qui attendait que je la conçoive, et je savais qu'elle demeurait près de moi en esprit avant sa naissance.

Durant ma grossesse, j'ai été hospitalisée et clouée au lit pendant six semaines. J'ai chéri ce temps dont j'ai disposé pour communiquer avec mon bébé en lui lisant des livres spirituels et de la poésie, tout en caressant mon gros ventre. Mon liquide amniotique était dangereusement bas et les médecins suivaient mes progrès chaque jour. J'ai tenu un journal durant mon séjour à l'hôpital, et j'ai trouvé intéressant de constater que lorsque je voulais rentrer chez moi, mon liquide amniotique augmentait, et lorsque je voulais rester à l'hôpital, il diminuait. Mon chez-moi, à cette époque, n'était pas un endroit stable, si bien que je préférais les bons soins que je recevais à l'hôpital. Quand enfin j'ai eu mon bébé par césarienne, l'équipe des médecins a étudié mon cas. Ils n'ont trouvé aucune explication physique à ma condition, ni même pourquoi ma condition avait fluctué selon mes besoins, si bien que ma fille et moi sommes demeurées un mystère pour la médecine.

Nous vivions dans le désert de l'Ouest, dans un des cottages de mes grands-parents, lorsque j'ai commencé à voir des visiteurs nocturnes dans ma chambre. J'ignorais qui ils étaient, pourquoi ils étaient là, ou comment protéger mon bébé de leur présence. J'ai rencontré une femme qui m'a expliqué que je pouvais chasser n'importe quoi en disant « je suis protégée dans la lumière du Christ ». Chaque fois que je voyais un fantôme dans ma chambre, je serrais mon bébé dans mes bras et je répétais ces mots jusqu'à ce que je tombe endormie. Nous avons déménagé peu de temps après, mais les apparitions ont continué. Du point de vue privilégié de l'expérience, j'étais sur le point de tout apprendre du monde des esprits.

Je voyais à quel point Alanna était connectée au monde des esprits, et d'autres personnes me le faisaient parfois remarquer. Quand nous allions faire les courses, les femmes se précipitaient pour lui toucher la tête et me demander de la prendre dans leurs bras. Elle était comme un rayon de soleil que tout le monde voulait toucher. Elle fixait parfois intensément l'espace devant elle et répondait comme si quelqu'un lui parlait. Soudainement, elle partait à rire comme si une mamie invisible lui chatouillait le ventre. Je sentais l'énergie spirituelle autour de ma fille, mais je ne la voyais pas ; c'est ainsi que chaque soir, je priais, penchée sur son berceau. Je récitais cette prière :

Ange de Dieu, mon cher gardien,
dont l'amour m'accompagne ici.
Chaque jour, sois à mes côtés pour m'éclairer,
me protéger, me diriger, me guider.
Amen.

Alanna avait à peine 18 mois lorsque nous avons rendu visite à ma mère, un soir. Ma fille a parlé très tôt, et je notais chaque mot et chaque phrase qu'elle prononçait dans son album souvenir. Il y en avait beaucoup, mais elle ne faisait qu'une combinaison de deux mots à la fois. Quelle ne fut pas ma stupéfaction lorsqu'un soir elle a réussi à réciter une prière au complet. Grand-maman s'en allait se coucher, et j'ai demandé à ma fille : « Qu'est-ce qu'on dit avant d'aller au lit ? » Ayant cru qu'elle fermerait les yeux et baisserait la tête, elle m'a surprise en croisant ses délicates menottes et en disant la prière au complet, mot pour mot, dans son jargon de bébé. Je n'arrivais pas à le croire ; nous étions bouche bée, ma mère et moi. *Comment a-t-elle fait ça ?* J'en tremblais ; j'étais à la fois excitée et effrayée. Je savais que les anges étaient autour de ma fille, mais c'est seulement à l'âge de trois ans qu'elle m'a parlé des autres esprits qu'elle pouvait voir.

Nous habitions dans le Midwest, où j'avais passé la plus grande partie de ma vie. J'ai élevé ma fille seule, et nous avons habité plusieurs maisons historiques de ma ville natale. Il arrivait qu'Alanna sache des choses avant qu'elles ne se produisent, et qu'elle m'annonce l'arrivée d'un visiteur qui ne s'était pas annoncé. Je lui répondais que cette personne vivait à des heures de route, et que je ne l'attendais pas. Mais elle me faisait un dessin de cette personne et me le tendait avec son nom écrit dessus. Et elle avait raison. Nous avions la visite inattendue d'un ami ou d'un parent qui vivait en dehors de la ville.

Conscientes de la présence des esprits autour de nous, nous acceptions les choses étranges qui se produisaient dans tous les lieux où nous vivions. Il nous arrivait souvent d'entendre des voix bavarder la nuit, ou d'entendre de la musique sans en avoir fait jouer. Les poignées de portes antiques tournaient et les portes s'ouvraient d'elles-mêmes. Les ampoules éclataient, et nous entendions des bruits de pas sur le plancher de bois franc dans des chambres vides. Les choses semblaient se déplacer d'elles-mêmes d'une pièce à l'autre. Alanna passait d'innombrables heures à parler à nos invités invisibles qui nous suivaient à chacun de nos déménagements. Elle me parlait souvent de l'homme qui la réveillait la nuit et qui restait assis au pied de son lit. Un jour, elle m'a dit : « Maman, la prochaine fois qu'on déménage, est-ce qu'on pourrait vivre dans une maison qui n'est pas hantée, s'il te plaît ? » Je lui ai expliqué que je ne croyais pas cela serait possible, simplement parce qu'elle voyait des choses.

J'ai remarqué que ma fille était plus ouverte au monde des esprits que moi et qu'elle pouvait voir mieux que moi. Je mourais d'envie d'être aussi ouverte qu'elle, afin de pouvoir voir ce qu'elle voyait. Ce désir a marqué le début de mon apprentissage, car je voulais en apprendre le plus possible sur le monde des esprits. En tant que mère, c'était à moi de protéger sa connexion et d'encourager son ouverture naturelle. Je ne voulais pas que des dogmes religieux ou que des adultes insensibles la fassent douter d'elle-même. Lorsqu'elle rencontrait des fantômes, je lui demandais très calmement s'ils avaient besoin de notre aide. Alanna était capable de me donner des détails sur ce qu'elle voyait et sur ce qu'ils voulaient.

À l'âge de quatre ans, ma fille a dit à sa gardienne qu'elle soulagerait sa souffrance avec ses mains magiques. Cet après-midi-là, la gardienne m'a téléphoné, surexcitée, en s'exclamant qu'il fallait faire voir ma fille par l'université sans tarder. « Elle m'a guérie ! » La gardienne avait souffert de crises d'épilepsie, et l'un des effets secondaires était une migraine débilitante qui durait depuis des années. Pourtant, quand ma fille lui a offert de la guérir, la douleur a disparu au bout de quelques minutes. J'ai dit à la gardienne que je venais la chercher tout de suite et qu'elle n'alerterait personne à ce sujet. Je lui ai expliqué que c'était tout à fait normal et naturel pour nous d'aider autrui à guérir, et je ne voulais pas que ma fille soit transformée en rat de laboratoire par des gens qui n'y comprenaient rien. Un prêtre guérisseur m'a dit un jour que nous étions tous censés nous guérir les uns les autres, parce que les guérisseurs n'étaient pas assez nombreux pour suffire à la tâche. Pourquoi une chose aussi naturelle était-elle accueillie avec autant de perplexité ?

Quand ma fille est entrée en deuxième année, nous avions appris à rester discrètes par rapport à nos expériences. Elle pouvait encore voir des esprits, mais ses camarades de classe ne le pouvaient pas. Quand elle s'amusait avec ses amis esprits et ses anges gardiens, ses camarades ne comprenaient pas. Elle rentrait parfois à la maison, soucieuse que ses camarades ne puissent voir tous les merveilleux anges qui tentaient de les aider. Cela la contrariait que tant de ses amis ignorent les anges, et elle ne comprenait pas pourquoi certains d'entre eux étaient méchants les uns envers les autres. Un grand nombre de ces écoliers avaient déjà été privés de leur connexion spirituelle et s'étaient fait dire que ces choses n'existaient pas puisqu'ils ne pouvaient pas les voir. Comme je ne voulais pas que ma fille perde elle aussi ce lien, nous avions convenu de parler de nos expériences seulement entre nous, dans la sécurité du foyer. C'était un peu comme avoir un petit secret bien à nous, et nous savions que nous pouvions être complètement nous-mêmes quand nous étions ensemble. Aucun sujet n'était tabou, ce qui conférait à notre imagination et à notre évolution spirituelle un terrain fertile.

J'étais dans la trentaine la première fois que j'ai rencontré l'esprit d'un être cher décédé. Je fréquentais un homme plus âgé que moi, qui était veuf. Notre relation étant nouvelle, nos rencontres étaient assez désintéressées à ce moment-là. Il restait souvent à coucher, puis il rentrait chez lui au petit matin, auprès de sa fille adolescente restée seule à la maison. Un matin très tôt, il s'était levé pour rentrer chez lui, quand j'ai aperçu sa défunte épouse debout devant la porte de ma chambre. Elle était belle et lumineuse. Elle avait de beaux cheveux bruns et portait une longue robe de nuit blanche. J'ai tout de suite su qui c'était, même si je n'avais jamais vu de photo d'elle. Je ne me souviens pas des mots qu'elle a prononcés, mais d'une certaine manière, je savais qu'elle me passait le flambeau parental. Après sa visite, nous avons réévalué notre relation et avons toujours inclus sa fille dans nos projets. Nous faisions beaucoup plus d'activités familiales auxquelles nos enfants prenaient part.

Pour moi, c'était normal de voir apparaître un être cher, parce que le désir de veiller sur ceux qu'on aime ne s'éteint pas avec la mort physique. De telles apparitions sont déjà acceptées et anticipées par la plupart des gens de diverses religions. C'est toutefois la première fois dont je me souvienne avoir assisté à l'apparition d'un être cher en esprit. Puis une nuit, je me suis réveillée et j'ai vu un homme passer devant la porte de ma chambre. Son apparition n'était pas lumineuse comme la première. Il n'avait pas, non plus, l'air divin comme l'être de lumière que j'avais vu précédemment. J'ai cru voir un homme réel déambuler dans le couloir sombre. Comme Alanna dormait à côté de moi, je me suis glissée hors du lit et je suis allée affronter l'intrus. En tant que mère célibataire, je savais que je devais protéger ma fille même si j'étais terrifiée. Au bout du couloir, l'homme a disparu. J'ai fouillé tout l'appartement, mais les portes et les fenêtres étaient toutes verrouillées. Quand je suis retournée dans le lit, j'ai compris que j'avais assisté à l'apparition d'un fantôme de pied en cap ! Chaque nuit, ce fantôme apparaissait et passait devant la porte de ma chambre avant de s'évaporer. Quand j'avais besoin d'utiliser la salle de bain, je restais dans le noir et j'attendais qu'il passe avant de courir au bout du couloir. Il n'a jamais tenté de communiquer, mais il apparaissait chaque nuit, réglé comme une horloge.

La plupart de nos amis ne savaient pas ce qui ce passait chez nous, jusqu'à ce que je me sente obligée de faire appel à un groupe d'enquêteurs du paranormal pour obtenir une confirmation. Ils ont recueilli de nombreux PVE (phénomènes de voix électronique, ou voix d'esprits sur bande sonore) et photographié un grand nombre d'étranges anomalies. L'histoire de notre maison hantée a fait la une du *St. Paul Pioneer Press* et a été reprise dans un livre sur les apparitions survenues dans la région.

Après l'enquête, l'activité paranormale a semblé augmenter dans la maison. Nous avions toujours coexisté pacifiquement avec les fantômes, mais l'accroissement de l'activité m'a fait penser qu'ils avaient désespérément besoin d'aide. J'ai entrepris des recherches sur cette propriété et j'ai découvert que notre maison avait été construite près d'un cimetière des pauvres, ou d'un ancien cimetière datant des années 1800. Le microfilm était conservé à la bibliothèque, et un historien m'a aidée à fouiller dans les articles de journaux jusqu'à ce que nous ayons trouvé ce que nous cherchions. L'article affirmait que les habitants de la ville avaient protesté quand les promoteurs immobiliers avaient commencé à construire sur cette parcelle de terre sans déplacer les corps qui y étaient enterrés. Des voisins avaient même découvert une pierre tombale en creusant sur leur terrain pour y installer une piscine.

Nous avons décidé de rappeler les enquêteurs du paranormal pour qu'ils nous aident à faire traverser les fantômes qui étaient restés coincés ici. Pendant qu'on les faisait passer de l'Autre côté, nous avons capté des PVE de différentes voix qui disaient « je t'aime », « nous vous aimons » et « Alanna ». C'était un peu troublant pour moi d'entendre le nom de ma fille prononcé par les esprits, mais je savais qu'ils étaient habitués à nous et qu'ils avaient passé beaucoup de temps à essayer de communiquer avec elle.

Je percevais mes expériences du monde des esprits comme quelque chose qui m'arrivait tout simplement, et non comme quelque chose que je faisais délibérément. J'ignorais que je pouvais apprendre à travailler avec le monde des esprits de façon intentionnelle. Tout cela a changé le jour où j'ai perdu mon meilleur ami. Sa mort m'a tellement anéantie que la seule inspiration qui m'a donné envie de continuer à vivre a été les signes qu'il m'envoyait de l'Au-delà. Une nuit, il m'a rendu visite dans un rêve saisissant. Nous étions en bateau sur le fleuve et le vent soufflait dans mes cheveux. J'étais ravie de passer à nouveau du temps en sa compagnie. Puis, il m'a offert de m'emmener avec lui. J'ai su que j'avais le choix de rester sur terre ou de le suivre dans le monde des esprits. Immédiatement, j'ai pensé à ma fille et je lui ai dit que je restais. Alanna avait été un choix délibéré dès le moment où j'ai décidé de la mettre au monde, et elle avait toujours été mon premier choix depuis. Au moment où ces mots s'échappaient de ma bouche, un autre bon coup de vent a soufflé dans mes cheveux, mais cette fois, il a modifié la scène de mon rêve. J'étais assise au bord du fleuve, ma fille sur mes genoux. Elle était jeune de nouveau, et l'eau nous effleurait doucement tandis que je lui racontais ma rencontre. Elle a dit : « Oh, maman, tu aurais dû le suivre. Tu aurais eu tellement plus de plaisir avec lui. » Ce à quoi j'ai répliqué : « Tu as toujours été mon premier choix. Mais au moins, j'ai senti le vent dans mes cheveux. » Je me suis réveillée en pleurs en me rendant compte que c'était vrai. L'esprit de mon ami était comme le vent qui soufflait la vie dans l'immobilité. Sa vitalité et son amour de la vie étaient contagieux pour tous ceux qui le connaissaient, et je m'étais souvent sentie plus vivante avec lui que jamais auparavant.

J'avais compris que mon meilleur ami ne m'avait pas quittée en mourant, parce qu'il était très habile à donner des signes de sa présence. Il a continué de m'apparaître en rêve en plus d'être capable de déplacer des objets ; il m'est même apparu une fois dans une photographie. Mon désir d'entretenir mon lien avec lui m'a motivée à en apprendre davantage sur la communication avec l'Au-delà. Je savais que pour me remettre de sa mort, je devais développer mes talents et ces aspects en moi qui me faisaient peur.

Communiquer avec des proches décédés était une chose que je n'avais encore jamais faite, mais je savais que le temps était venu pour moi d'apprendre à le faire. J'ai commencé à suivre des cours et à travailler sur mon développement spirituel chaque fois que j'en avais le temps. Mais le décès de ma petite sœur, quelques années plus tard, m'a obligée à réorienter complètement ma vie. Même si mon entreprise était florissante, j'étais trop occupée pour consacrer du temps à mon travail spirituel. À cause de cela, je me sentais déséquilibrée, et j'aspirais à une meilleure connexion. La mort de ma sœur m'avait plongée dans des heures de méditation tranquille et de prières, et je savais qu'il était temps de tout changer dans ma vie. C'était presque comme si son esprit me poussait à faire ce que j'aimais et ce pour quoi j'étais destinée.

Le premier cours de médiumnité que j'ai suivi a fait taire toutes mes craintes. Mon professeur et mentor était d'une grande sagesse ; son approche était de servir, pas de nourrir l'ego. Il est décédé environ un an après notre première rencontre, et j'ai l'impression qu'il a continué de m'enseigner depuis l'Au-delà. Après cela, je suis allée de cercle en cercle et de cours en cours, afin de poursuivre mon développement spirituel, mais j'étais incapable de trouver la bonne voie. J'ai déjà confié à une enseignante que je voulais mieux « voir » les esprits, et elle a répliqué : « Personne ne voit les esprits, car ils ne sont qu'énergie. Ce n'est pas comme l'émission de télé *Melinda entre deux mondes.* » Je ne comprenais pas pourquoi elle se montrait aussi condescendante avec moi. La vérité étant que *j'avais vu* des esprits. J'avais déjà croisé deux esprits, en plus de ceux qui étaient restés prisonniers du monde terrestre. Un professeur qui admettait ne jamais avoir vu d'esprits n'avait vraisemblablement pas grand-chose à m'enseigner, j'ai donc continué mes recherches.

Puis un jour, tout a changé pour moi : j'ai finalement trouvé une méthode de guérison appelée Thetahealing^MD^, qui a rempli toutes ses promesses. Soudain, j'étais capable de faire des choses que j'avais toujours espéré faire. Dès le tout premier cours, j'ai réussi à avoir des visions dans mon œil mental et à savoir quels types d'esprits étaient dans la pièce. Quand je me sentais « bloquée », je pouvais en trouver la raison, puis chasser ce blocage en un instant. Grâce à cette technique, j'ai été en mesure de clarifier plusieurs de mes croyances et de mes peurs entourant le monde des esprits, ce qui m'a permis d'y accéder avec beaucoup de clarté.

Ma vision spirituelle est devenue plus claire et j'ai poursuivi mon travail de guérison avec mes clients. J'avais parfois la sensation que mon client amenait un proche décédé avec lui avant même qu'il ne se présente à sa séance. Si je prenais quelques instants, je savais à l'avance de qui il s'agissait. Mais il m'arrivait aussi de les rencontrer intuitivement durant la séance de guérison. Je voyais que les esprits qui accompagnaient mon client recevaient eux aussi une part de guérison.

J'en informe toujours mes clients quand l'esprit d'un proche assiste à une séance de guérison. Très souvent, mes clients demandent à leurs parents ou amis disparus de les accompagner lorsqu'ils viennent travailler avec moi. Quand je mentionne que tel proche est là avec eux et que c'est la personne qu'ils ont invoquée, cela leur sert de confirmation. Quoi qu'il en soit, je voulais renforcer ma capacité à identifier les esprits avec des preuves. De temps à autre, mon ego se manifestait et essayait de m'empêcher d'avancer. Il me disait des choses comme : « Pour qui te prends-tu ? Tu ne peux pas vraiment parler aux esprits. » Je voyais ça comme de la peur. La peur de l'échec. Et comme presque toutes les choses qui m'ont fait peur dans ma vie, j'ai décidé de m'y attaquer justement à cause de cela.

Après avoir dissipé mes croyances fondées sur la peur en utilisant la technique de Thetahealing^MD^, j'ai trouvé un médium réputé avec qui je pourrais travailler. Ses cercles de développement spirituel ne convenaient pas à mon emploi du temps, mais il a accepté de travailler avec moi en privé. À notre toute première rencontre, j'ai dû me jeter à l'eau, car il m'a demandé de faire une lecture médiumnique pour lui. Exactement ce dont j'avais besoin. Il m'a regardée monter vers la lumière pour me connecter à travers l'onde cérébrale thêta, puis il m'a permis de lui livrer un message du monde des esprits. Le gros de mes informations m'arrivant sous forme de sensations ou d'impressions, il m'a proposé une technique de visualisation pour m'aider à clarifier ma vision. Il a dit que dès que j'aurais établi un contact avec un esprit, je serais à son service. Il m'a suggéré de faire comme si j'allais magasiner avec cet esprit pour voir ce qu'il aimait porter. Aussitôt que je saurais quel était son style vestimentaire, je serais capable de le voir clairement, sans sentir la pression de le voir sur-le-champ. Il m'a demandé de me connecter à un autre de ses ancêtres et d'appréhender la lecture sous l'angle du service. La technique a vraiment bien fonctionné, et j'ai fait apparaître un de ses ancêtres avec une telle clarté, qu'il a lui-même été surpris. À la fin de notre séance, il m'a dit de rentrer chez moi et de faire une autre lecture pour quelqu'un en utilisant la technique qu'il venait de m'enseigner.

Je suis rentrée directement chez moi et me suis installée dans ma pièce de guérison pour exercer mes dons de médium. En m'assoyant, j'ai remarqué que je n'avais personne avec qui travailler. La première personne à laquelle j'ai pensé était une bonne amie que je connaissais presque depuis toujours. Je savais qu'elle travaillait, mais j'ai décidé de communiquer avec un de ses aïeux et d'écrire le moindre renseignement que je pouvais glaner. Je me disais qu'elle pourrait valider l'information plus tard. Je suis montée dans la lumière et me suis connectée à un de ses ancêtres. Immédiatement, un homme âgé m'est apparu. Son aïeul me montrait des scènes où il était beaucoup plus jeune, sans doute à l'âge où il était le plus fier de sa personne. Il portait un blouson d'aviateur et était assez bel homme. Il a continué à me montrer des scènes de sa vie et j'ai eu l'impression qu'il pensait avoir abandonné sa propre sa fille. Mon intuition me disait que cet homme était le grand-père de mon amie. On aurait dit qu'il avait manqué à son devoir de père et qu'il n'avait pas été là pour sa fille. Il se reprochait le fait qu'elle ait tellement dû se battre dans la vie. Après m'avoir expliqué tout cela, il s'est tu, comme pour s'assurer que j'écoutais bien. Puis il a dit : « Quand viendra le temps, je serai là pour elle. » Il voulait vraiment qu'elle sache qu'il serait là pour elle.

J'ai transmis son message à mon amie, qui a pu valider une bonne partie de cette information, jusqu'à son style vestimentaire. Le lendemain, elle a téléphoné à sa mère afin de clarifier les détails qu'elle ignorait. Elle a lu le message à sa mère en entier. Heureusement, celle-ci a été en mesure de confirmer tout le reste.

Cela faisait des années que la mère de mon amie était très malade, et même si tout le monde était au courant de sa condition, personne ne s'attendait à ce qu'elle meure. Pourtant, le lendemain du jour où elle a reçu le message que m'avait transmis cet esprit, elle est morte paisiblement à la maison. Quand mon amie m'a téléphoné, bouleversée, pour m'annoncer le décès de sa mère, tout ce qu'elle a pu dire a été qu'elle était morte seule. Elle était très malheureuse de ne pas avoir été là.

À travers ses larmes, je pouvais entendre son chagrin. Un moment de silence a rempli ma voiture et tout ce qui m'entourait, quand j'ai entendu la nouvelle de sa mort. Sa mère avait été quelqu'un de très spécial dans ma vie. Elle m'avait souvent accueillie et permis de rester chez elle quand je n'avais nulle part où aller. *Dring, dring.* Le téléphone s'est remis à sonner. J'ai senti un soupir de soulagement. C'était encore mon amie, mais cette fois, sa voix était très calme. « Elle n'est pas morte seule. Mon grand-père était avec elle. Merci pour le message que tu nous as transmis. C'est la seule chose qui me console en ce moment. » Silence… C'est là que j'ai compris à quel point le monde des esprits est mystérieux et magique, et combien j'avais été privilégiée de pouvoir prendre part à ce message de guérison.

Enfin, j'étais capable de travailler avec le monde des esprits de manière significative. J'avais appris comment entrer en contact avec un esprit et comment entendre un message. Mes yeux spirituels étaient grands ouverts. Je crois que cette habileté est en chacun de nous. Peut-être est-elle restée endormie en vous jusqu'à aujourd'hui, ou peut-être avez-vous commencé à vivre des choses que vous ne pouvez expliquer. Dans le prochain chapitre, je vous enseignerai la technique qui vous permettra d'accéder au monde des esprits avec assurance et détermination.

2
La lumière

Donc, vous voulez voir les fantômes et communiquer avec le monde des esprits, mais vous ne savez pas par où commencer ? Si vous êtes comme un grand nombre de vos semblables, vous avez déjà essayé de méditer avec plus ou moins de succès, vous avez lu plusieurs livres, suivi le travail de médiums célèbres, ainsi que des cours de développement spirituel. C'est du moins à ce genre de personne que je crois m'adresser à cette étape-ci. Cependant, si vous n'avez pas encore fait ce genre de démarches, mais que vous stagnez, attendant la prochaine initiation ou espérant faire un grand bond en avant, je peux peut-être vous sauver du temps !

Bien que ce ne soit pas un secret que j'ai accompli toutes ces choses moi-même, ce n'est pas ce qui m'a amenée où je suis aujourd'hui. Je m'apprête à vous révéler quelque chose qui pourrait changer la manière dont vous avez développé vos capacités jusqu'ici. L'outil dont je vais vous parler est immédiat et accessible à tous. Le Thetahealing^MD et l'utilisation de l'onde cérébrale thêta m'ont aidée à me connecter instantanément et délibérément sur le monde des esprits.

Même si le Thetahealing[MD] est centrée sur la clarification des croyances, vous n'aurez pas besoin de suivre un cours ou de devenir praticien pour utiliser les techniques décrites dans ce livre. Je vais vous montrer comment atteindre seul l'onde cérébrale thêta. Cependant, si vous avez envie de suivre un cours ou de devenir praticien de le Thetahealing[MD], des formations sont offertes partout dans le monde.

Avant d'aller plus loin, il est important d'expliquer les ondes cérébrales et pourquoi l'utilisation de ces ondes est si puissante. J'ajouterai à cela ma technique « Carte routière vers la lumière », qui vous aidera à atteindre l'onde cérébrale thêta.

Il y a en fait cinq ondes cérébrales :

- **Bêta**– Chaque fois que vous réfléchissez, parlez ou agissez, votre cerveau est dans l'onde cérébrale bêta. En ce moment, vous êtes fort probablement en mode bêta, avec une fréquence cérébrale de 14-28 cycles par seconde. La majorité des gens passent le plus clair de leur journée active et éveillée en mode bêta.

- **Alpha**– Bien des personnes qui méditent ou qui effectuent un travail de guérison connaissent la fréquence alpha. L'onde cérébrale alpha est plus basse que la bêta, avec une fréquence de 7-14 cycles par seconde. Lorsque vous faites l'expérience de la relaxation, des rêves éveillés ou de quelques formes de guérison (comme le reiki), vous êtes dans la phase alpha du cerveau.

- **Thêta**– L'onde cérébrale thêta est encore plus lente que l'onde alpha et est marquée par un profond état de relaxation. On atteint souvent l'onde cérébrale thêta durant l'hypnose ou en rêvant durant son sommeil, et la fréquence est seulement de 4-7 cycles par seconde. Autrefois, seuls les sages, les moines tibétains et les chamans savaient comment atteindre cette onde cérébrale du sommeil grâce à des heures de méditation et de jeûne. Il y a de nombreux avantages à utiliser cette fréquence cérébrale, ce dont je vous parlerai en détails.

- **Delta**– Lorsque vous êtes profondément endormi, vous êtes dans la fréquence delta. L'onde cérébrale delta ralentit jusqu'à une fréquence de 0-4 cycles par seconde.
- **Gamma**– L'onde gamma est la fréquence cérébrale de l'apprentissage supérieur, de l'activité mentale et du plus grand état d'alerte dans lequel traiter l'information. L'onde cérébrale gamma peut atteindre 40+ cycles par seconde.

Bien que l'on utilise toutes les ondes cérébrales chaque jour, on peut en fait s'entraîner à en utiliser certaines plus que d'autres. On peut littéralement recodifier notre inconscient en utilisant les ondes cérébrales thêta, parce que c'est là que notre inconscient programme et garde les choses en mémoire. L'onde cérébrale thêta a longtemps été associée aux niveaux supérieurs de conscience, à la connexion à des dimensions supérieures, et à la vision intérieure. L'état de conscience chamanique se réalise dans l'onde cérébrale thêta, ce qui nous permet de voyager à des niveaux et réalités supérieurs. Il est possible d'induire une onde cérébrale thêta à l'aide d'un roulement de tambour régulier qui bat au rythme des ondes elles-mêmes. Les chants bouddhistes tibétains transportent les moines dans l'univers de la conscience supérieure et ils suivent ce rythme. La méditation thêta encourage la créativité, réduit le stress, éveille l'intuition et ouvre la porte de ce que bien des gens considèrent comme les capacités « surnaturelles ». Les mystiques utilisent souvent l'onde cérébrale thêta pour guérir instantanément. L'atteinte de cette onde cérébrale vous permet d'obtenir la guidance directement de la source.

Vianna Stibal, créatrice de la technique de Thetahealing[MD], a appris qu'il est possible d'atteindre la fréquence cérébrale thêta en quelques secondes, et que vous pouvez littéralement entraîner votre cerveau à le faire sur demande. Elle a prouvé l'efficacité de la technique à travers l'usage de l'électroencéphalographie, ou EEG (qui mesure les ondes cérébrales). En 2006, je suis tombée sur un cours de Thetahealing[MD], et cela a amélioré mes capacités instantanément. Bien que j'aie passé de nombreuses heures à essayer de méditer, j'avais rarement atteint l'état d'euphorie associé à cette pratique. J'ai eu l'impression d'avoir perdu beaucoup de temps à essayer d'accomplir ce que j'étais maintenant capable d'accomplir en quelques secondes. Je ne rejetais pas pour autant les autres choses que j'avais apprises, car elles pouvaient encore me servir dans l'état modifié thêta.

Quand j'ai commencé à utiliser cette onde cérébrale, j'étais soudain capable de déplacer des montagnes, au lieu d'avoir l'impression de les gravir sans arrêt. La technique de Thetahealing[MD] me permettait d'entrer dans mon inconscient et de changer les programmes fondés sur la peur qui m'empêchaient d'avancer. J'ai pu reprogrammer mon système de croyances afin qu'il corresponde à mes croyances conscientes, ce qui a réduit considérablement les problèmes contre lesquels je luttais. Plus j'utilisais le Thetahealing^{MD} pour me purger, plus la lumière et la vérité pouvaient m'atteindre. C'est tout bonnement la façon la plus rapide de se rétablir et de se développer spirituellement que je connaisse.

Le chemin pour vivre l'éveil de l'onde cérébrale thêta est simple. La plupart des gens peuvent atteindre cet état très rapidement et retrouver le chemin qui les y mène par la seule force de leur volonté. D'aucuns pourraient éprouver quelque difficulté à atteindre l'onde cérébrale thêta, mais avec un peu de persévérance, vous y arriverez. La majorité des jeunes enfants passent beaucoup de temps dans l'onde cérébrale thêta, ce qui explique que tant d'enfants possèdent un don naturel pour voir les esprits. Quand vous aurez passé un certain temps dans l'onde thêta, vous vous sentirez divinement connecté à tout ce qui fait partie de la création. Vous pourriez vous sentir euphorique et énergisé à la fois, et vous jouirez d'une clarté mentale plus grande que jamais auparavant. C'est un sentiment spirituel que de savoir que vous ne faites qu'un avec tout ce qui est, sans séparation. C'est de l'intérieur de cette onde cérébrale que j'effectue ma communication avec le monde des esprits.

Une simple carte routière vous aidera à atteindre l'onde cérébrale thêta pour accéder à la lumière. Cette carte routière requiert que vous envoyiez votre conscience au-dessus de votre espace, à travers votre chakra couronne. Le fait d'aller au-dessus de votre espace pour vous connecter à la lumière vous placera dans l'onde cérébrale alpha. Il a été prouvé qu'en vous rendant là et en disant le mot « Dieu » (ou Créateur), votre cerveau passe dans l'onde cérébrale thêta.

Vos croyances relatives à la religion ou à la spiritualité sont sans importance. Ce processus fonctionne pour quiconque a foi en une sorte de Puissance supérieure. En invoquant la Puissance supérieure en laquelle vous croyez, votre cerveau passera dans l'onde cérébrale thêta.

Quand vous commencerez à utiliser l'onde cérébrale thêta, vous pourrez ressentir des choses que vous n'avez peut-être jamais ressenties auparavant. La certitude que vous êtes capable de vous connecter au monde des esprits pourrait modifier considérablement votre paradigme. Oui, vous pouvez devenir médium. Vous pouvez travailler avec les anges et visiter vos êtres chers dans l'Au-delà. Pas besoin d'être né parmi une bande de gitans ou d'avoir grandi dans les montagnes éloignées pour exploiter les dons que vous offre une onde cérébrale plus lente. Les scientifiques commencent à comprendre ces choses qu'ils ont longtemps considérées comme inexplicables, tout en dissipant des malentendus vieux de plusieurs siècles concernant le monde des esprits. Les gens ordinaires peuvent accéder à ces dimensions supérieures s'ils sont prêts à développer leurs talents. Il existe différentes méthodes pour vous connecter à la lumière, entraîner votre cerveau et vous focaliser sur votre vision spirituelle, mais je vais vous enseigner celle qui fonctionne pour moi.

Technique de la « Carte routière vers la lumière »

Commencez par vous asseoir confortablement dans un endroit où vous ne risquez pas d'être dérangé. Fermez les yeux. Inspirez lentement en remplissant vos poumons à pleine capacité, puis expirez entre vos lèvres entr'ouvertes.

Ces profondes respirations vous aideront à vous centrer et à vous ancrer. Imaginez que vous êtes connecté à la Terre Mère et que vous êtes ancré au monde physique. Maintenant, imaginez qu'une belle énergie montant des entrailles de la terre circule en vous. En commençant par les pieds, vous sentirez que cette énergie circule dans tout votre corps, déclenchant et ouvrant tous vos chakras vers le haut. Ce processus vous permet de vérifier vos chakras, car si certains chakras sont fermés, vous aurez du mal à bien vous connecter à la lumière.

Visualisez qu'au moment où l'énergie atteint chacun de vos chakras, ceux-ci tournoient, s'ouvrent et s'équilibrent. Il est sage de demander que tous vos chakras fonctionnent au maximum de leur capacité, de sorte que vous n'apportiez pas involontairement des changements qui déstabiliseraient votre système énergétique. Le fait de demander que tout se déroule de la meilleure façon possible, fait taire notre ego et permet au Créateur de nous donner quelque chose qui peut s'avérer bien supérieur à ce que nous avons demandé.

Quand vous serez habitué à ce procédé, vous pourrez atteindre l'onde cérébrale thêta en une seconde. Mais pendant que vous apprenez où aller et que vous vous y entraînez, prenez votre temps. Le processus s'accélérera tout seul à force de répétition. Imaginez que chacun de vos chakras tourne dans le sens des aiguilles d'une montre, en commençant par le chakra racine (à la base de la colonne vertébrale), ensuite le chakra sacré (juste sous le nombril), le chakra du plexus solaire (au-dessus du nombril, dans la région de l'estomac), le chakra du cœur (sternum ou poitrine), le chakra de la gorge (le creux de la gorge), le chakra du troisième œil (au milieu du front), et le chakra couronne (au sommet de la tête). Vous pouvez même poser votre main directement sur chaque chakra et le sentir s'ouvrir comme une fleur dans votre paume. Quand vous aurez la certitude que tous vos chakras sont ouverts et fonctionnent parfaitement, vous pourrez continuer.

Imaginez que vous envoyez votre conscience au dehors à travers votre chakra couronne au sommet de votre tête. Allez au-dessus de votre espace… jusqu'à ce que vous visualisiez la lumière. Si vous avez déjà fait quelque chose de similaire dans un autre type de formation, il est probable que vous ayez déjà accédé à cette lumière auparavant. Mais continuez… Il y a plus de lumière devant vous. Continuez d'imaginer que vous allez plus loin dans l'espace et que vous traversez encore plus de lumières. Continuez jusqu'à ce que vous ayez atteint une lumière blanche, pure et iridescente. En entrant dans cette lumière, vous pourriez sentir que vos paupières commencent à battre doucement. Si elles ne battent pas, vous devrez aller encore plus haut.

Ce léger battement des paupières signifie que vous êtes entré dans l'onde cérébrale thêta. Lorsque vous rêvez, vous êtes dans la phase des mouvements oculaires rapides (MOR) et dans l'onde cérébrale thêta. Quand vous serez dans une onde cérébrale thêta éveillée, vos paupières clignoteront doucement aussi, et vous visualiserez une pure lumière blanche.

Il faudra vous exercer un peu pour retenir une onde cérébrale thêta pendant un certain temps, mais avec de la pratique, cela se fera instantanément et vous pourrez la retenir aussi longtemps que vous le voudrez. Quand vous vous serez exercé à vous connecter ainsi, votre cerveau s'en souviendra et vous y amènera plus rapidement.

C'est l'énergie de la création, ou ce que certains appellent Dieu ou le Créateur. C'est là que vous irez pour vous connecter à la lumière, là que vous établirez des intentions claires par rapport à ce que vous désirez. La technique de Thetahealing^{MD} fait cela à travers un processus de commande qui signale à votre cerveau que ça va se produire. C'est ici que l'on cesse de demander qu'une chose se produise ou d'espérer qu'une chose se produira. Lorsque nous sommes connectés à l'énergie de la création, nous fonctionnons à notre plus haut potentiel en tant que cocréateur. Pour voir des esprits, vous commanderez (en silence et pendant que vous êtes encore connecté) :

> *Créateur, je commande de voir et de communiquer avec [...] (nom du proche décédé) maintenant. Merci.*

Vous pouvez utiliser les mots de votre choix pour identifier la plus haute énergie dans la création. Veuillez ne pas utiliser de guide dans ce processus, parce que l'intention est de se connecter au plus haut niveau avec la lumière la plus élevée. Reconnaissez que cette lumière existe en vous, ce qui vous permet d'y accéder. Le processus de commande dit simplement à votre cerveau que CELA VA SE PRODUIRE, et enlève les blocages qu'utilise l'ego pour que l'on continue à se sentir limité ou rongé par le doute.

Ensuite, imaginez que vous tombez de cette lumière blanche iridescente, les yeux toujours fermés, et focalisez-vous sur l'énergie devant vous. Vous pourriez ressentir cet esprit comme un hologramme ou une lumière de l'âme — les deux sont appropriés. Votre énergie est toujours connectée au Créateur plus haut, mais il faut vous rendre à un niveau plus bas, là où existe le monde des esprits. Dieu, ou le Créateur, est la plus haute énergie de la création, et le fait de vous connecter à cette énergie vous permettra d'utiliser l'onde cérébrale thêta instantanément. Vous pourriez même parler à vos anges, à vos guides ou à d'autres maîtres ascensionnés, simplement en le commandant. Une commande est une intention claire pendant que vous êtes connecté à l'énergie du Créateur.

Passez-y plus de temps et habituez-vous à utiliser l'onde cérébrale thêta. Plus vous irez là, plus il vous sera facile d'atteindre cet état à l'avenir. Vous n'aurez pas non plus besoin de passer des heures à méditer pour y arriver. Dès que votre cerveau saura où vous voulez aller, ce sera simple.

Nous allons utiliser l'onde cérébrale thêta pour nous connecter à la lumière jusqu'à la fin de ce livre. Nous utiliserons cette connexion pour communiquer avec les esprits et les fantômes. Nous utiliserons également cette connexion pour aider les fantômes à traverser de l'Autre côté et pour chasser les entités.

Durant mes nombreuses années d'expérience, j'ai découvert que la manière la plus efficace de travailler avec le monde des esprits est d'utiliser l'onde cérébrale thêta et des commandes simples. Exprimez toujours votre gratitude à Dieu et au monde des esprits si vous voulez qu'ils continuent de travailler avec vous. La gratitude aide à ouvrir la réceptivité de votre cœur à la communication avec les esprits.

3
Que sont les fantômes ?

Le monde des esprits est une partie normale du monde physique dans lequel nous vivons. Nous sommes constamment entourés d'êtres surnaturels, que l'on puisse les voir ou non. On a rapporté avoir vu des fantômes depuis la nuit des temps. Alors, que sont-ils et pourquoi sont-ils ici ? Qu'est-ce qui fait que seules quelques personnes peuvent les voir ? Que veulent-ils ? Dans ce chapitre, nous apprendrons comment une personne devient un fantôme et ce que cela signifie dans le monde des esprits.

Pour devenir fantôme, il faut faire un choix. Quand une personne meurt, elle abandonne le corps qui hébergeait son esprit et n'est plus confinée à une existence physique. La plupart des esprits s'attardent sur terre pour assister à leurs propres funérailles. Durant cette période, l'esprit rend souvent visite à la famille et aux amis, ce qui explique pourquoi tant de gens rapportent avoir vu leurs proches décédés. L'esprit maintient sa connexion au Créateur à travers ce que l'on appelle le « cordon divin ». Il peut utiliser cette connexion à tout moment, pour traverser de l'Autre côté ou pour aller dans la lumière. Le cordon divin est visible aux yeux d'une personne intuitive et ressemble à un rayon de lumière émanant du chakra couronne pour monter vers Dieu. Dans l'art ancien, il était représenté par un halo de lumière entourant un saint ou une sainte.

Toutes les personnes vivantes ont un cordon divin. Selon l'état de la personne, cette lumière peut être éclatante ou faible, mais tout le monde en possède une. Le cordon divin assure la connexion de l'esprit au Ciel, de sorte qu'il peut facilement faire la transition dans le monde des esprits. Il est habituellement accueilli par des êtres chers qui sont décédés avant lui, et est escorté dans la lumière, où il attendra patiemment que tous ceux qu'il aime l'aient enfin rejoint.

La vie continue de l'Autre côté, et un esprit peut faire encore plus de progrès spirituel grâce à son apprentissage et sa guérison. Parfois, un esprit choisira de passer du temps avec une personne vivante qu'il se sent appelé à aider de l'Au-delà. Cela fait du bien à l'esprit et à la personne vivante, et ce n'est pas un fantôme. Tandis que l'esprit continue de devenir plus lumineux de l'Autre côté, il augmente sa fréquence et atteint d'autres niveaux dans la lumière. C'est le parcours normal qu'emprunte un esprit après la mort. Cependant, tous les esprits ne vont pas immédiatement dans la lumière.

Tout de suite après la mort, un esprit a toujours son libre arbitre. L'esprit peut choisir de suivre son cordon divin jusque dans la lumière à tout moment, dans les neuf jours suivant son décès. Après le neuvième jour, la fenêtre des possibilités pour traverser est temporairement perdue. En quelque sorte, notre capacité à traverser dans une fréquence vibrationnelle supérieure (le monde des esprits) peut être limitée à des ouvertures dans le système naturel de grille énergétique de la terre. C'est similaire à la fenêtre dans l'espace-temps qu'observe la NASA lorsqu'elle projette de lancer une navette spatiale. Notre esprit a une fenêtre de possibilités similaire, où il est plus facile de passer du monde physique au monde des esprits. Toutes mes expériences de travail avec les esprits m'ont permis de déduire que la seule façon de rester pris ici-bas, c'est d'en faire le choix.

Certains esprits tournent le dos à la lumière parce qu'ils craignent que Dieu les punisse de quelque chose. D'autres esprits choisissent de rester derrière parce qu'ils doivent veiller sur leurs enfants en bas âge, et d'autres restent parce qu'ils ont des questions à régler avec les vivants. Alors que certains esprits ont peur de la lumière, d'autres continuent d'errer, toujours confus, et ne savent même pas qu'ils sont morts.

Donc, qu'arrive-t-il aux esprits qui tournent le dos à la lumière ? Quand un esprit reste derrière de son plein gré pour une raison ou une autre, il renonce à sa capacité d'entrer dans le monde des esprits. Essentiellement, il est pris entre la terre et le monde des esprits et subsiste à une fréquence située entre les deux. Cette fréquence est légèrement plus haute que la terre et plus basse que le monde des esprits. Nous appelons fantômes ces esprits de basse fréquence. Un fantôme a des capacités limitées de voyager et s'attache habituellement à une personne, à un endroit ou à un objet. Il a tendance à se sentir comme il se sentait au moment de sa mort. Si une personne est morte suite à une overdose, c'est ainsi qu'elle apparaîtra en tant que fantôme. Si elle est morte au combat dans d'horribles souffrances, elle continuera de souffrir. Le seul soulagement qu'un fantôme puisse espérer est de traverser de l'Autre côté et d'expédier sa souffrance dans la lumière pour être guéri.

Beaucoup de gens ne sont pas conscients que lorsqu'un fantôme traverse de l'Autre côté, il peut revenir visiter ses proches en tant qu'esprit. Certaines personnes ont cette idée romantique qu'elles demeureront sur terre en tant que fantôme, pour rester avec ceux qu'elles aiment après la mort. Bien que cela puisse ressembler à un acte d'amour, ce n'est pas tout à fait exact. Je vais vous épargner des siècles d'errements dans le noir en vous expliquant comment cela fonctionne. Quand un « fantôme » passe dans la lumière, sa vibration s'accroît et il devient « esprit ». Un esprit peut être simultanément avec tous ceux qu'il aime, et il n'est jamais prisonnier d'un seul endroit. Un esprit peut apparaître à ceux qu'il aime et les aider sans quitter l'Autre côté. Il ne souffre pas ; en fait, il est rempli d'une paix et d'un amour qui ne sont possibles qu'en fusionnant avec la lumière. Par ailleurs, un fantôme est surtout prisonnier de son drame, parce qu'il ne s'est pas encore remis des problèmes et des peines terrestres. Il n'a plus son libre arbitre et est limité par rapport à ce qu'il peut faire et où il peut aller. Il doit drainer l'énergie des vivants afin de se soutenir, et il reste souffrant.

Une exposition à long terme à l'énergie d'un fantôme peut rendre une personne malade et dépressive. Cela peut aussi empêcher la famille et les proches de faire leur deuil. Alors, je vous en prie, ne croyez pas que vous faites une faveur à ceux que vous aimez en restant dans cette dimension après la date d'expiration. Allez dans la lumière, où vous serez réellement en mesure de les aider !

La religion catholique parle d'un endroit appelé « purgatoire », où s'en vont les âmes qui ne sont pas admises au paradis. Enfant, j'ai passé des heures innombrables à prier pour les âmes égarées qui étaient prisonnières dans cet endroit. Le purgatoire est ce que j'ai trouvé de plus approchant pour décrire l'endroit où existent ces fantômes, avec la grande différence que c'était un choix personnel et non une punition. La vibration varie avec les fantômes qui sont restés pris, et ils peuvent afficher n'importe quoi, de la confusion à l'insatisfaction, en passant par la colère pure.

Combien de temps un fantôme reste-t-il dans les limbes, subsistant entre la terre et le monde des esprits ? Un jour, la fenêtre des possibilités s'ouvrira de nouveau pour permettre au fantôme de traverser. Cependant, cette ouverture pourrait se présenter dans 50 ans, voire dans 300 ans : la durée n'a pas de limite. Le fantôme se sentira misérable parce qu'il sera prisonnier ici-bas, alors que ceux qu'il aime seront morts depuis longtemps et seront partis vers la lumière. J'en ai la preuve dans les nombreux PVE (phénomènes de voix électronique) que j'ai recueillis, où des fantômes sont prisonniers du temps et cherchent encore la vie qu'ils ont déjà eue et les êtres chers qu'ils ne trouveront jamais.

Je dois aussi mentionner que ce n'est pas que parce que deux fantômes habitent au même endroit qu'ils sont conscients de la présence de l'autre. Même dans le monde fantomatique, les entités sont séparées par des vibrations et des fréquences. En fait, plusieurs maisons hantées sont remplies d'entités désincarnées qui sont complètement inconscientes des autres entités qui logent à la même adresse. Heureusement, le temps se vit différemment de l'Autre côté, de sorte que 300 ans pourraient ne pas sembler aussi longs à un fantôme que ce l'est pour une personne vivante. À part attendre un événement indéfini à venir permettant au fantôme de trouver la paix, une personne vivante peut apprendre comment ouvrir la fenêtre de la lumière pour aider le fantôme à traverser.

Ceux et celles qui voient des fantômes et des esprits sont capables de voir toute une gamme de fréquences plus élevées que la personne moyenne. Bien des gens qui ont rapporté avoir vu spontanément un fantôme ou un proche décédé, l'ont vu au réveil, alors qu'ils étaient probablement toujours dans l'onde cérébrale thêta. Donc, ne vous inquiétez pas si vous n'avez encore jamais vu un fantôme ou un esprit. En faisant un usage continu de la technique « Carte routière vers la lumière » dont il a été question au chapitre 2, vous préparerez votre cerveau à voir dans ces fréquences plus élevées.

Quand vous chercherez à communiquer avec l'Au-delà, il sera important de connaître la différence entre la présence d'un fantôme et celle d'un esprit. Certaines religions enseignent à leurs ouailles que le monde des esprits est mauvais, pour empêcher qu'ils n'y accèdent ; d'autres évitent d'aborder le sujet. Cette approche ressemble davantage à une attitude protectrice de l'Église, et pas du tout un rejet du monde des esprits. Lorsque les gens commencent à communiquer avec les esprits, ils peuvent rencontrer toutes sortes d'entités, incluant les plus noires. Lorsqu'une personne n'a pas la formation qu'il faut pour discerner les esprits ou les aider à passer de l'Autre côté, sa poursuite peut s'avérer dangereuse pour elle. Dans les prochains chapitres, nous apprendrons comment discerner différentes énergies reliées aux esprits et comment aider les fantômes à traverser de l'Autre côté.

4
Discerner les énergies

On apprend à discerner l'énergie d'un esprit avec la pratique et l'expérience. Bien que l'on puisse en apprendre beaucoup dans les livres, la meilleure façon de discerner cette énergie viendra de votre capacité à vous connecter à la lumière. Si vous pouvez vous connecter correctement, vous n'aurez aucun mal à faire la différence entre une énergie résiduelle (l'empreinte d'un fantôme), un fantôme ou un esprit. Vous découvrirez également qu'il n'y a rien à craindre et que vous pouvez chasser n'importe quelle entité dont la vibration est plus basse.

Si vous avez été témoin de l'apparition d'un fantôme, il faudra découvrir si c'est un fantôme intelligent, ou plutôt ce qu'on appelle l'empreinte d'un fantôme. Je vous ai parlé plus tôt du fantôme d'un homme qui passait devant la porte de ma chambre tous les soirs. Il ne communiquait pas et n'a jamais changé de parcours. Il faisait toujours exactement la même chose, nuit après nuit. Voilà un excellent exemple d'un fantôme résiduel, ou de l'empreinte d'un fantôme. C'est comme si un moment dans le temps avait entrecroisé ce monde et était resté dans cet environnement pour une raison ou une autre. Ce type de fantôme n'est pas intelligent, c'est-à-dire que l'esprit n'est pas resté prisonnier ici-bas.

Énergie résiduelle ou empreinte d'un fantôme

Il peut parfois arriver qu'une personne laisse une petite part d'elle-même derrière elle, comme une musique de fond dans l'environnement. Elle n'est pas toujours là et ne peut pas communiquer, mais vous pourriez voir son image. Lorsque vous rencontrez ce type de fantôme, il continue de jouer son rôle sans même remarquer votre présence. Le fantôme apparaîtra toujours de la même façon et fera toujours la même chose. Dans ce type d'apparition résiduelle, il n'y pas vraiment de fantôme qu'il faut aider à traverser ou d'âme à guérir. C'est l'environnement qui a besoin d'être nettoyé du passé, tel qu'il a été archivé. Pas besoin d'être mort pour laisser une énergie résiduelle derrière soi. Les vivants aussi laissent derrière eux des traces d'énergie résiduelle. J'ai visité des lieux de mon enfance où j'ai perçu ma propre énergie résiduelle laissée derrière moi. Depuis, je l'ai toute recueillie et réclamée.

Il m'est arrivé de voir un fragment d'un esprit resté derrière en tant que fantôme, alors que tout le reste était entré dans la lumière. L'âme était déjà au Ciel (pour ainsi dire), mais un petit fragment était resté derrière. Ce genre de petit fragment peut arriver comme une apparition et avoir l'air d'un vrai fantôme. J'ai vu cela seulement quelques fois, sur des scènes tragiques de meurtres. Il faut que ce fragment soit guéri et libéré pour être en mesure d'aller rejoindre le reste de l'âme.

Il existe un autre type de fantôme résiduel qui peut affecter un lieu ou un objet. L'empreinte d'un fantôme peut subsister sans qu'il y ait de fantôme ou d'âme en détresse. Pour une grande part, une empreinte de fantôme se compose de l'énergie des vivants. Parce que tout en ce monde est fait d'énergie, nous laissons notre marque ou empreinte énergétique sur les choses. Il arrive parfois qu'un objet s'accroche à cette énergie et crée une empreinte fantomatique, mais l'objet n'est pas hanté pour autant. Par exemple, si vous marchez avec une canne et que vous vous en servez chaque jour depuis quelques années, elle absorbera sans doute une certaine part de votre énergie. Quand les autres verront votre canne, ils capteront certains aspects de vous qui sont restés dans votre canne sous forme d'empreinte fantomatique. Il faut purger l'objet de ces énergies avant de le laisser entrer chez vous. Les antiquités recèlent des quantités phénoménales d'empreintes fantomatiques, d'énergie résiduelle, parfois même de vrais attachements fantomatiques.

Vous pouvez également ressentir l'énergie résiduelle au quotidien, à travers vos sens normaux. Vous est-il déjà arrivé d'entrer dans une pièce après que deux personnes se soient disputées et de remarquer que l'atmosphère y était encore très lourde ? La capacité de capter les événements conservés énergétiquement dans un endroit est ce qu'on appelle la *mémoire des lieux*. Les endroits qui retiennent une forte énergie résiduelle ont souvent été le théâtre d'événements tragiques. Un médium ou un intuitif qui utilise la mémoire des lieux peut lire l'environnement sans le moindre indice physique de son histoire. Il peut toucher une porte ou un mur, ce qui l'aide à se connecter à distance afin de lire un lieu. Vous pourriez vous retrouver dans un endroit qui recèle de nombreux traumas et qui donne l'impression d'être hanté, même s'il ne l'est pas. Il est possible d'entendre des cris résiduels dans un vieil asile d'aliénés, même si aucun fantôme n'est présent. Cependant, il y a de bonnes chances pour que vous découvriez que des fantômes y sont restés piégés — et vous voudrez pouvoir faire la différence.

La psychométrie est une aptitude qui permet à quelqu'un d'accéder à une information psychique concernant une personne, en touchant un objet lui appartenant ou avec lequel elle est entrée en contact. L'information est une forme d'énergie résiduelle qui est enregistrée dans l'objet. Vous avez peut-être déjà vu un médium faire la démonstration de cette aptitude en tenant un bijou dans sa main. Cette technique est aussi très souvent utilisée par des médiums qui se penchent sur les cas de personnes disparues. Un pupitre en bois pourrait conserver l'énergie de la personne qui l'a fabriqué, de la personne qui l'a possédé, ou de la forêt où a poussé l'arbre qu'on a coupé pour son bois. Nous laissons notre marque sur tout dans ce monde. Les magasins d'antiquités peuvent être fort accablants justement pour cette raison. La plupart des objets qu'on y trouve ont emmagasiné tant d'histoires et d'énergies résiduelles, que ces magasins peuvent être des endroits rêvés pour mettre en pratique votre capacité à sentir les choses. Rien qu'en touchant un objet, vous serez capable de saisir des impressions des gens à qui il a appartenu.

Les fantômes

Dans une apparition intelligente, il y aura un fantôme qui tente de signaler sa présence aux vivants. Il essaiera habituellement d'attirer toute l'attention possible en déplaçant des objets, en jouant avec vos appareils électroniques, en vous apparaissant ou en faisant du bruit. Il n'y a pas de limites à ce que les fantômes peuvent inventer pour communiquer avec les vivants. Si vous n'avez pas la formation nécessaire, cela peut sembler chaotique et être très troublant. Mais, la plupart du temps, les fantômes veulent seulement être reconnus et ultimement être libérés des lieux où ils sont restés prisonniers.

La plus grande différence entre un esprit qui est passé de l'Autre côté et un fantôme, c'est leur fréquence énergétique. Pour la plupart des gens, la fréquence énergétique est plus facile à comprendre sous forme d'état émotionnel. Si la présence semble malheureuse, furieuse ou mesquine, c'est fort probablement un fantôme. Si la présence apparaît avec une plaie ou une blessure, c'est probablement un fantôme. Si la présence est focalisée sur la vengeance ou sur toute émotion humaine mesquine, c'est définitivement un fantôme.

Les fantômes ne sont pas ici pour nous réconforter. Ils sont souvent confus et ne savent pas pourquoi ils sont restés ici-bas. Certains fantômes ne réalisent pas qu'ils sont morts. D'autres choisissent de ne pas partir parce qu'ils sentent qu'ils doivent rester pour veiller sur leur maison, leurs enfants, leurs animaux de compagnie ou sur une chose à laquelle ils étaient dévoués corps et âme sur terre. Parfois, un fantôme refuse d'entrer dans la lumière simplement parce qu'il est trop investi dans son propre ego et dans sa réussite ici-bas, et qu'il refuse de s'en séparer.

La plupart du temps, les fantômes sont consumés par le propre drame de leur vie et veulent vous entraîner dans leur malheur. Il n'est pas conseillé de porter trop attention au drame qu'ils perçoivent, car comme on le sait, nous créons tous des situations qui nous servent de leçons dans la vie. Mais ces énergies n'ont pas suffisamment évolué spirituellement pour le reconnaître, et elles cherchent toujours à jeter le blâme sur quelqu'un d'autre. C'est correct de montrer de la compassion pour le fantôme et de l'aider à retrouver le chemin vers la lumière, mais ne formez surtout pas de cordons de sympathie énergétiques qui lui permettraient de s'attacher à vous. Si vous restez lucide à ce sujet, vous n'aurez jamais à vous soucier des attachements et/ou des possessions.

Les fantômes ont besoin de puiser dans l'énergie qui les entoure pour accroître leur propre pouvoir ou force vitale. Ainsi, les fantômes n'évoluent pas toujours dans des immeubles abandonnés; ils préféreront un événement sportif ou un théâtre où ils pourront puiser de l'énergie à même la foule des vivants. Ils peuvent aussi tirer de l'énergie de la pleine lune et de la nouvelle lune. Ils peuvent sucer l'énergie des batteries et des appareils électriques. Un fantôme qui dispose de plus d'énergie est plus apte à essayer de communiquer avec vous. Les fantômes peuvent provoquer des perturbations dans votre environnement et manipuler la température dans la pièce. Ils peuvent tirer de l'énergie d'un coin de votre maison, ce qui créera la fameuse « zone froide ». C'est fort probablement à proximité de cette zone froide que le fantôme vous apparaîtra. Les fantômes peuvent aussi apprendre à déplacer des objets, à faire grincer les cintres dans la penderie ou à cacher vos clés de voiture. Ils peuvent vous toucher, passer leurs doigts dans vos cheveux, remonter une couverture sur vous la nuit, ouvrir et fermer les portes. Par contre, si le fantôme est malveillant, il pourrait faire trembler votre lit, claquer les portes et essayer de vous effrayer. Mais tous les fantômes ne sont pas malveillants.

Bien des fantômes d'enfants trouveront des maisons où il y a de jeunes enfants avec qui ils pourront jouer, que les enfants vivants soient ou non conscients de leur présence. Quand les enfants vivants sont conscients de leur présence, ils s'y réfèrent souvent en parlant de leur ami imaginaire. En règle générale, les fantômes ne feront pas de mal aux enfants directement, mais leurs basses fréquences peuvent parfois provoquer la dépression, effrayer l'enfant et causer des maladies. Les problèmes récurrents des voix respiratoires supérieures sont fréquents lorsqu'un fantôme est attaché à un enfant. Quand un fantôme est présent, les gens « sentiront » souvent une différence de température, indiquée par un frisson soudain. Ils peuvent aussi se sentir distraits, de mauvaise humeur ou fatigués.

LE FANTÔME MALODORANT

Un après-midi, mon mari et moi avons vu un fantôme dans une bibliothèque. J'ai tout de suite su que nous n'étions pas seuls, car je pouvais sentir la présence de plusieurs fantômes assis nonchalamment sur des chaises vides. J'ai demandé à mon mari s'il avait remarqué cette foule invisible, et juste à cet instant, nous avons tous les deux perçu une odeur abominable et nauséabonde. Nous nous sommes regardés en nous couvrant le nez comme pour demander à l'autre, en silence, s'il avait laissé échapper des gaz. Rien de tel. Nous n'avons pas aimé la présence de ce fantôme malodorant et nous avons donc quitté l'endroit.

Aussitôt rentrés, mon mari s'est senti mal et a été obligé de s'allonger. Je suis sortie de la chambre un instant, et à mon retour, la pièce était remplie de la même odeur que nous avions sentie à la bibliothèque. Mon mari se plaignait d'un terrible mal de tête et ne pouvait pas se relever. « Oh, non ! Ça ne va pas du tout ! » me suis-je exclamée. Je savais ce qui était arrivé. Le fantôme malodorant s'était attaché à mon mari et le vidait de son énergie, ce qui l'avait rendu instantanément malade. « Sors de ma maison maintenant ! Retourne d'où tu viens ! » ai-je lancé d'une voix forte et sans réplique, comme si j'avais une longue formation militaire, en pointant le doigt en direction de la bibliothèque. Immédiatement, la senteur a complètement disparu, mon mari s'est redressé et a dit que son mal de tête était passé.

LE FANTÔME REVÊCHE

Il y a quelques années, ma fille a rencontré un fantôme qui affectait son humeur. Elle a commencé à s'impatienter avec tout le monde et a cessé toutes les activités qu'elle avait l'habitude de faire. Je me demandais si cela avait à voir avec le fait qu'elle était devenue adolescente et qu'elle traversait une période de changements. Pendant une semaine, en rentrant à la maison après l'école, elle courait s'enfermer dans sa chambre. C'était à peine si elle en ressortait pour parler ou manger.

Puis, un vendredi, elle est sortie avec le sourire aux lèvres et son énergie aimante habituelle. Je lui ai demandé ce qui n'allait pas, et elle a dit qu'elle avait eu un attachement. Quand j'ai appris comment utiliser l'onde cérébrale thêta pour me connecter à la lumière et chasser les entités indésirables, j'ai enseigné cette technique aux miens. Ma fille avait remarqué qu'elle ne se sentait pas vraiment bien, même si elle n'avait aucune raison de se sentir ainsi. Finalement, elle a décidé de se connecter à la lumière et d'explorer les dimensions surnaturelles qui l'entouraient. Dès qu'elle a vu le fantôme qui s'était attaché à elle, elle lui a ordonné d'aller vers la lumière. Elle a intuitivement vu le visage d'une vieille dame qui se retournait pour la regarder en montant vers la lumière. Tout de suite, elle est revenue à la normale ! Ma fille a appris la technique de Thetahealing^MD à l'âge de 13 ans, et cela l'a vraiment aidée à se renforcer. Elle est devenue plus consciente des émotions qui lui étaient propres, et de celles qui appartenait à quelqu'un d'autre.

Parfois les fantômes que nous rencontrons sont les âmes souffrantes de nos proches. C'est une bonne idée de vérifier auprès de vos êtres chers disparus pour vous assurer qu'ils sont entrés dans la lumière et qu'ils n'errent pas sur terre. Pour ce faire, vous utiliserez la technique de la « Carte routière vers la lumière » (voir chapitre 2) et demanderez à voir les ancêtres en question et à leur parler. Immédiatement, soit vous sentirez ou verrez l'esprit comme une éclatante lumière de l'âme, soit vous ne verrez aucune lumière du tout. Ce dernier cas est une indication que votre ancêtre pourrait bénéficier de votre aide pour guérir et passer de l'Autre côté.

LE FANTÔME DE L'ANXIÉTÉ

Une de mes clientes avait toujours du chagrin dix ans après la perte de son amoureux. Elle était restée attachée à cette époque de sa vie. En travaillant avec elle durant une séance de guérison, je me suis rendu compte que le fantôme de son petit ami était toujours avec elle parce qu'il n'était pas passé de l'Autre côté. Soudain, cela prenait tout son sens. Elle avait ressenti les émotions malsaines de son amoureux pendant ces dix années, et les avait confondues avec ses propres émotions. Elle n'imaginait pas que son esprit était prisonnier, ou que tous les deux avaient besoin d'aide pour guérir. J'ai effectué une séance de guérison pour son amoureux, puis je l'ai aidé à partir. Immédiatement, l'énergie de ma cliente a changé et elle a pu accepter de vivre le moment présent. Elle ne vivait plus dans le passé et son anxiété avait significativement diminué.

Un fantôme ou une autre entité à basse vibration peut s'attacher aux vivants et entraîner des problèmes de santé et émotionnels pour son hôte.

L'ENTITÉ ATTACHÉE

Une cliente m'a téléphoné pour me parler des problèmes de sa fillette. Cela avait commencé un mois plus tôt pendant que sa fille s'amusait au terrain de jeux après l'école. En rentrant à la maison, elle a dit à sa mère qu'elle avait un ami imaginaire. Sa mère a trouvé cela charmant et s'est réjouie que sa fille puisse voir des fantômes. Toute la famille a laissé cette amitié se poursuivre, tout en vérifiant régulièrement pour voir comment se comportait cet ami invisible. Ils étaient tous sous l'impression que l'ami invisible était un enfant fantôme, qui aimait tout simplement se retrouver avec la famille. Mais, le temps passant, la présence du fantôme est devenue plus menaçante. Quand la fillette ne faisait pas ce qu'il voulait, il s'emparait d'objets, les lançait et menaçait la fillette. C'est seulement après avoir été mordue par le fantôme que la petite fille a raconté à sa mère ses autres méfaits.

Bien qu'il soit possible qu'un fantôme se comporte mal, il est aussi possible qu'une entité prenne la forme d'un enfant fantôme pour pouvoir entrer dans une maison. Plusieurs sont enclins à héberger ou à materner un enfant fantôme, et ne se rendent pas compte à quel point le monde des esprits peut être complexe. Il y a d'autres entités qui essaieront de manipuler les vivants en prétendant être des enfants fantômes. Dans le cas de coups ou de menaces, vous pouvez presque être certain que vous n'avez pas affaire à un simple fantôme. L'entité a besoin qu'on l'envoie dans la lumière, et il faudra effectuer une purge sur la personne et la propriété. Avec le recul, la mère a réalisé que sa fille avait une infection de l'oreille et des sinus, qui était apparue à peu près au même moment que l'ami invisible, et la fillette s'est instantanément rétablie après avoir été purgée. Les entités à faible densité vibrationnelle peuvent affecter les vivants de la même manière qu'un fantôme.

UN BAIN D'EAU BÉNITE

Il y a quelques années, une amie m'a téléphoné parce qu'elle s'inquiétait pour son fils de quatre ans. Il avait plusieurs problèmes de santé : de l'asthme, des allergies et de terribles sautes d'humeur. Même avant d'étudier la technique de Thetahealing^MD^, j'étais capable de ressentir son énergie. Le comportement de son fils était imprévisible presque chaque fois que je passais du temps avec lui. Cela ne semblait pas être dû à un aliment ou à une heure du jour en particulier. Une minute, il allait bien, puis vlan. J'avais l'impression que quelqu'un ou quelque chose d'invisible l'affectait négativement.

C'est difficile de ne pas arriver à voir ce qui affecte votre environnement, votre maison et ceux que vous aimez. À l'époque, mon arme de prédilection était l'eau bénite. En 1995, j'avais fait un pèlerinage à Medjugorje, en Bosnie, pour voir les miracles qui se produisaient là-bas. Un soir, on nous avait dit d'apporter nos gamelles d'eau et toutes les autres choses que nous voulions faire bénir à l'église. Tout le monde savait que la Vierge Marie était apparue à plusieurs jeunes gens pendant des années, et chaque fois, elle avait béni des objets et guéri les personnes présentes. J'avais toujours ma gamelle d'eau spéciale qui avait été bénite à Medjugorje. J'en ai mis un peu dans un bocal pour mon amie, et je lui ai dit de la verser dans le bain de son fils pour voir si cela l'aiderait.

Ce soir-là, elle a fait couler un bain comme elle le faisait chaque soir, et à l'insu de son garçon, elle y a versé tout le bocal d'eau bénite. Son fils a accouru quand elle l'a appelé et a commencé à se dévêtir comme d'habitude. Puis, comme s'il sentait quelque chose, il a dit à sa mère qu'il refusait de prendre son bain. Elle n'avait jamais eu à argumenter avec son fils pour qu'il prenne un bain, car c'était une de ses activités favorites avant d'aller au lit. Pourtant, cette fois, elle n'arrivait pas à le persuader d'entrer dans la baignoire. Plus elle insistait, plus il protestait, jusqu'à ce qu'il se mette à hurler et à lui crier après. Elle n'était pas préparée à ce genre de réaction, mais au fond d'elle-même elle savait, maintenant plus que jamais, combien il était important de plonger son petit corps dans l'eau bénite.

À la fin, elle l'a pris dans ses bras et l'a porté jusqu'à la baignoire. Il hurlait et lui criait des noms, tandis qu'il s'agrippait aux murs de la douche. Tel

> l'homme araignée, il essayait de grimper sur les murs pour rester loin de l'eau. Il se débattait avec la force d'un adulte. Sa mère, qui avait d'autant plus peur, a plongé son corps dans l'eau et l'a tenu là pendant qu'il hurlait au meurtre. Tout son corps est devenu rouge, et pendant un instant, elle s'est demandé si l'eau du bain n'était pas trop chaude pour lui. Elle a vérifié la température de l'eau encore une fois et elle était comme tous les autres soirs, mais elle ne s'attendait pas à ce que son corps tourne au rouge. Après avoir trempé un moment, la rougeur s'est estompée, l'enfant est devenu docile et son attitude a changé. Il a cessé de crier des insanités et il a commencé à jouer avec ses jouets pour le bain. Cet incident nous a enseigné quelque chose à toutes les deux. Les entités noires peuvent s'attacher à nous, et elles peuvent affecter notre santé et notre humeur.
>
> Après le bain, mon amie a mis son petit garçon au lit. Tout semblait aller mieux dans la maison, et elle a senti une énergie calme et paisible comme jamais auparavant. Les semaines suivantes sont demeurées paisibles, et son fils n'a pas eu d'autres crises d'asthme, allergies ou sautes d'humeur. Quelque chose avait changé.

Je ne dis pas que tous les enfants malades ont quelque chose de sombre qui est attaché à eux. J'ai raconté cette histoire pour vous montrer que cela peut arriver. Il est parfois possible, et je dis bien *parfois,* qu'une entité noire s'attache à une personne vivante, et que cette personne tombe physiquement malade en raison de ce drainage constant d'énergie.

L'effet le plus remarquable, ce sont les sautes d'humeur draconiennes dont l'individu ne semble pas conscient ou qu'il est incapable de contrôler. Certaines personnes sont plus sujettes à ce genre de choses, et un travail quotidien sera nécessaire pour venir à bout de ces entités. Si vous êtes sujet à ce type d'attaque, cela vous servira à devenir plus fort spirituellement. Mais ceci ne signifie pas que vous devez devenir pieux ou adhérer à une religion. Devenir plus fort spirituellement signifie que vous gardez votre vibration élevée grâce à la méditation ou à la prière. Le travail sur la foi est très utile pour changer cette dynamique chez une personne, tout comme les affirmations et les pensées positives.

Une entité pourrait s'attacher à vous à peu près n'importe où, sans que vous vous en rendiez compte. Le fait que quelqu'un ou quelque chose soit attaché à vous peut vous causer divers problèmes. Bien qu'ils ne puissent pas vous obliger à faire quoi que ce soit, ils peuvent affecter votre façon de penser en vous chuchotant des idées qui influenceront vos décisions. Lorsque quelqu'un a une entité attachée, elle draine son énergie sans arrêt. Les objets inanimés peuvent aussi avoir des attachements. Les véhicules peuvent fonctionner mal ou être défectueux jusqu'à ce qu'on les débarrasse d'un attachement.

Les voitures, camions, bateaux et avions hantés existent, et c'est beaucoup plus fréquent que la majorité ne l'imagine. Un véhicule peut parfois être hanté par son propriétaire précédent. Si le véhicule avait une grande valeur pour son propriétaire de son vivant, il aura souvent du mal à y renoncer une fois mort. Certaines personnes mettent tellement d'elles-mêmes dans un véhicule de prix, qu'elles refusent de le laisser derrière elles. D'autres fois, un véhicule sera hanté à cause d'une mort. Il n'est pas nécessaire que le décès soit survenu dans la voiture pour que celle-ci soit hantée. Un fantôme pourrait être créé au moment où la voiture passe sur la scène de l'accident. De plus, lorsque l'on récupère les pièces d'un véhicule qui a été impliqué dans un accident fatal, ces pièces peuvent créer un fantôme dans le véhicule qui en hérite. Parfois, lorsqu'on utilise un véhicule pour des enquêtes paranormales, un fantôme ou une entité peut s'y attacher. Cela peut se produire n'importe où et non seulement dans des endroits connus comme étant hantés.

LE FANTÔME DE LA POMPE À EAU

Quand j'ai commencé à travailler avec un nouveau groupe sur le paranormal, ils ont voulu voir ce que je pouvais faire avec le Thetahealing^MD^. Ce groupe animait une émission hebdomadaire en direct et m'avait demandé si j'accepterais d'être leur invitée lors d'une émission. Sachant à quel point une séance typique peut être personnelle, nous avions décidé de tenir une séance à l'avance, de sorte que toute information personnelle puisse être coupée avant la diffusion.

Le groupe est arrivé avec des caméras, des microphones et des ordinateurs pour l'enregistrement de la séance. Au début de la séance de guérison, les magnétophones fonctionnaient mal et les caméras étaient en panne. Nous n'avons pu capter qu'une petite partie de la séance sur film, mais même cette partie était brouillée par la statique et des ondes. Il arrive parfois qu'une très haute fréquence utilisée durant une guérison fasse des ravages dans l'équipement électrique.

Tout en remballant leur matériel pour quitter ma maison, mes coéquipiers ont mentionné avoir des problèmes récurrents avec leur camion. La pompe à eau faisait tout le temps défaut, ce qui provoquait une surchauffe du camion. Ils avaient besoin d'un camion en bon état pour transporter tout leur équipement lorsqu'ils allaient enquêter sur les sites. Je leur ai dit que les objets inanimés pouvaient être réparés et leur ai offert d'effectuer une guérison sur la pompe à eau pour voir si ceci pouvait aider. Cela pouvait marcher ou pas, mais ce ne serait pas plus mal. Bien sûr, ils m'ont regardée avec l'air de dire que j'étais un peu cinglée, mais comme ils avaient l'habitude d'être confrontés à l'inexplicable, ils m'ont laissée faire.

J'ai posé mes mains sur le camion et je me suis élevée pour me connecter à la lumière. J'ai commandé de chasser tous les attachements fantomatiques du camion et de les envoyer dans la lumière. Les yeux fermés, j'ai vu de petites ombres noires s'envoler et entrer dans la lumière pour y être absorbées. Puis, j'ai effectué une guérison simple sur le camion et j'ai vu une chose qui semblait se réparer d'elle-même. Quand l'énergie a eu fini de circuler, j'ai senti que le processus était terminé. Nous nous sommes envoyé la main et ils ont repris la route.

Des mois ont passé, et le groupe m'a invitée à participer à l'émission une autre fois. J'avais hâte d'avoir une autre occasion de parler du Thetahealing^{MD} et du paranormal. L'émission battait son plein quand ils nous ont annoncé, à moi et à tout l'auditoire, que la guérison sur le camion avait été un franc succès. Ils ont affirmé que le camion avait été réparé instantanément, sans qu'aucune autre réparation ne soit nécessaire, et qu'il était en parfaite condition depuis ce temps !

AMOUR MUSTANG

Mon mari avait acheté une Mustang décapotable avec l'intention de la revendre à titre d'investissement. Il l'avait obtenue à bon prix et sentait qu'il pourrait la revendre plus cher qu'il ne l'avait payée. Même s'il l'avait mise à vendre, nous aimions nous en servir pour nous promener, jusqu'à ce qu'un acheteur éventuel nous téléphone. Mon mari a paniqué parce qu'il savait que quelque chose clochait avec les lumières et qu'il voulait s'assurer que cela ne lui ferait pas rater cette vente. Les clignotants ne fonctionnaient pas du tout et n'avaient jamais fonctionné depuis qu'il avait acheté la Mustang.

L'acheteur projetait de passer cet après-midi-là pour un essai routier, si bien que mon mari avait le temps de s'occuper des lumières. Il a passé la journée à travailler sur le panneau électrique et à remplacer les fusibles, mais n'a trouvé aucun fil mal fixé ou rien qui pouvait expliquer cette défectuosité. Les lumières ne fonctionnaient tout simplement pas, et il ignorait pourquoi.

À la fin, je lui ai dit que je ferais une guérison sur la voiture pour voir si cela pouvait aider. De toute façon il avait besoin d'une pause, alors il m'a laissée faire. Je me suis assise dans la voiture, je me suis élevée pour me connecter à la lumière, et j'ai commandé une guérison pour la Mustang. Pendant que j'étais encore dans un état méditatif, j'ai aperçu ce qui ressemblait à de l'électricité circulant dans les fils, puis j'en ai chassé toute énergie fantomatique. Cela m'a pris environ deux minutes en tout et pour tout, puis je suis rentrée pour dire à mon mari que j'avais terminé.

Il a bu un verre d'eau et est retourné dans le garage. Il avait regardé l'heure et savait que l'acheteur éventuel arriverait bientôt. Frustré et ne sachant pas quoi essayer d'autre, il a décidé de démarrer la voiture et d'essayer les clignotants une dernière fois, juste au cas où la guérison aurait fonctionné. Quelques minutes plus tard, il est rentré en criant comme un fou que la voiture était réparée. Il n'arrêtait pas de le répéter ; il m'a même montré ses bras couverts de chair de poule. « Ça a marché ! Je n'arrive pas à le croire, ça a marché ! »

L'essai routier s'est bien passé et l'homme a fini par acheter la voiture. Plus tard, mon mari a raconté cette histoire à celui à qui il avait acheté la Mustang. L'épouse de cet homme avait reçu un diagnostic de cancer en phase terminale, et il avait pris soin d'elle durant sa lente agonie. Elle lui avait dit de faire quelque chose de spécial pour lui-même après sa mort, et l'avait encouragé à acheter la voiture dont il avait toujours rêvé. Après sa mort, il a finalement acheté la Mustang. Il l'a gardée pendant quelques années et a fait son deuil en la conduisant, toujours en pensant à sa femme. Finalement, il s'est senti prêt à entamer une nouvelle phase de sa vie et a décidé qu'il était temps de vendre la Mustang et d'acheter autre chose. Si j'avais connu cette histoire dès le début, j'aurais tout de suite purifié cette voiture. Pour cet homme, elle avait servi de lien avec sa défunte femme. Elle l'aimait tellement qu'elle avait voulu qu'il réalise son rêve et qu'elle le partage avec lui. Elle avait littéralement attaché son esprit à la Mustang afin d'assister à la réalisation de son rêve.

Je suis toujours reconnaissante de la manière dont les choses nous arrivent dans la vie. Si mon mari n'avait pas acheté la voiture, je n'aurais pas pu y effectuer une guérison. La femme de cet homme a-t-elle influencé la vente de la Mustang à mon mari parce qu'elle savait que son temps était venu de traverser de l'Autre côté ? Dès que vous commencerez à travailler avec le monde des esprits, vous n'en reviendrez pas des synchronicités que les esprits inventent pour vous. Ils m'ont trouvée de façon inattendue, dans un effort de trouver de l'aide pour eux et leurs êtres chers.

Les esprits

Pour nous, il est si courant de recevoir la visite de l'esprit d'un proche décédé, que c'est maintenant considéré comme naturel plutôt que surnaturel. Lorsqu'ils décèdent, les gens que l'on aime veulent s'assurer que ceux qu'ils laissent derrière eux vont bien. Le deuil est un processus que seules les personnes qui l'ont vécu personnellement peuvent comprendre. Le chagrin peut vous pousser dans les recoins les plus reculés de votre âme en tant que démarche vers votre rétablissement. Il peut vous pousser à remettre en question tout ce qui compte dans votre vie. Lorsque vous perdez un proche, le chagrin peut vous inciter à vous replier sur vous-même et vous donner envie de mourir pour être avec la personne disparue. Le monde des esprits le sait et ressent votre peine. Les esprits reviennent vous visiter pour vous aider à guérir et vous faire savoir qu'ils vont bien. Souvent, ils nous disent qu'ils sont toujours près de nous et qu'ils font toujours partie de nos vies. La communication en esprit avec ceux que j'aime m'a permis d'apprécier la vie et de comprendre la vie et la mort comme je ne les aurais jamais comprises sans cela.

POSE LE BÉBÉ

Ma grand-mère m'a raconté son expérience avec les esprits alors qu'elle pleurait la perte de son fils. Cela faisait trois ans qu'il était mort, mais elle s'était abîmée dans sa douleur et ne pouvait passer une seule journée sans craquer et fondre en larmes. S'il s'éternise, ce type de chagrin peut s'avérer très débilitant. C'est pour cette raison que ses proches en esprit sont venus l'aider à effectuer la transition.

Ma grand-mère a rêvé qu'elle tenait son fils dans ses bras en pleurant. Bien qu'il soit décédé à l'âge adulte, il lui est apparu enfant, de sorte qu'elle a pu

> le tenir sur son cœur. Pendant qu'elle pleurait, elle sentait la chaleur de son petit corps. Puis elle a pris conscience que sa mère, son père et d'autres parents défunts étaient là en esprit, leurs mains posées sur ses épaules pour la soutenir. Sa mère a dit : « Chérie, pose le bébé. Il faut qu'il dorme maintenant. » Ma grand-mère a protesté et pleuré encore plus fort. « Je ne peux pas le laisser partir ! » Sa mère a repris : « Le bébé doit se reposer. Tu dois le poser maintenant. » Doucement, ma grand-mère a pris le bébé emmailloté qu'elle tenait sur son cœur et l'a remis dans son berceau.
>
> En se réveillant, elle a compris qu'elle avait eu une visite et que ce n'était pas un rêve ordinaire. Toute la journée, elle a senti la chaleur du bébé sur sa poitrine. Cela l'a enfin délivrée de son chagrin débilitant. Enfin, elle a pu recommencer à sortir avec ses amis dans les magasins ou restaurants, sans fondre en larmes.

Il y a plusieurs façons de rencontrer les esprits de nos êtres chers. On se réfère à ces visites comme à des communications après la mort (CAM), et elles peuvent se produire de toutes sortes de manières. Les CAM les plus fréquentes sont celles où l'on sent la présence de la personne décédée, où l'on entend sa voix, où l'on est touché physiquement, et où l'on sent quelque chose qui nous rappelle le défunt. Ce n'est pas tout le monde qui est capable de voir apparaître la personne décédée, mais si cela vous arrive, ce sera fort probablement dans un moment qui se situe entre le sommeil et l'éveil. L'expérience de ma grand-mère s'est produite durant son sommeil, mais elle l'a ressentie comme une chose très différente d'un rêve.

Il arrive aussi souvent que l'on reçoive des signes qui nous rappellent un proche, et des gens qui ont rapporté avoir reçu des appels téléphoniques d'êtres chers décédés. Le monde des esprits sait que nous aimerions avoir des nouvelles de nos chers disparus, et il établit le contact par tous les moyens que l'on peut capter. La dernière chose que veulent faire nos proches est de nous effrayer — ils peuvent donc choisir de se manifester par le biais d'un parfum ou d'un signe, plus souvent que sous forme corporelle. Lorsque nous recevons la visite d'un proche en esprit, c'est un message d'amour et de guérison. Si son esprit est entré dans la lumière, son message annulera les aspects négatifs de sa personnalité sur terre. Une fois détaché de son corps, il rejoint le monde des esprits et émerge dans la lumière, l'énergie pure et aimante du Créateur.

IL N'Y A PAS DE JALOUSIE AU CIEL

Ma dernière grand-mère est décédée récemment, et j'ai commencé à recevoir des signes d'elle une semaine avant qu'elle ait officiellement quitté son corps. Un colibri me rendait visite chaque jour et voltigeait exactement à la même place. Il a commencé son petit manège au moment où l'on m'informait que la santé de grand-maman était défaillante. Mon mari et moi nous sommes rendus dans le Missouri en voiture pour assister à ses funérailles.

Elle s'était remariée, et je voulais m'assurer que son nouveau mari avait l'amour et le soutien des parents survivants de grand-maman.

Mon grand-père était décédé environ dix ans avant grand-maman, mais sa vie à elle ne s'était pas arrêtée là. Elle est demeurée dans sa maison jusqu'à ce que sa mauvaise santé la mène dans un centre hospitalier de longue durée. Ensuite, comme dans les contes de fées, elle s'est liée d'amitié avec un homme qui jouait au bingo et qui l'a séduite. Ils ont été mariés à peine deux ans, mais grand-maman disait que c'étaient les plus belles années de sa vie. Les funérailles ont été très intimes, car grand-maman avait survécu à la plupart de ses amis.

Pendant que le pasteur disait son oraison funèbre, mes yeux ont commencé à voir tout embrouillé. J'ai reconnu ce symptôme comme les fois où je voyais le plus souvent des esprits et j'ai dit mentalement : «Grand-maman, j'aimerais te voir s'il te plaît. Je sais que tu es là. Je peux te sentir.» Je fixais son cercueil, mais un toucher m'a surprise par derrière. À ce moment précis, j'ai senti une main presser mon épaule gauche, comme en un geste de réconfort. C'est la main de grand-papa que j'ai senti en premier, puis la main de grand-maman s'est jointe à la sienne. Je ne m'attendais pas à être touchée, mais j'ai tout de suite senti l'amour que mon grand-père avait pour ma grand-mère, et j'ai éclaté en sanglots. Jusqu'à ce moment, je n'avais pas vraiment pleuré, parce que je savais que grand-maman avait vécu une bonne et longue vie. Mais j'ai été extrêmement touchée par tout l'amour que j'ai ressenti quand les esprits de grand-papa et de grand-maman m'ont touchée ainsi.

Il n'y a pas de jalousie au Ciel. Grand-papa était heureux que grand-maman ait connu l'amour de nouveau. J'étais vraiment heureuse pour ma grand-mère, qui était née comme une orpheline dont personne ne voulait, et qui avait quitté ce monde entourée d'amour. Je n'ai pas entendu un seul mot de mes grands-parents ce jour-là, mais ce n'était pas nécessaire. Parfois, les sensations passent par un simple toucher.

Si votre désir de communiquer avec l'Au-delà est né de la perte d'un être cher, il faut comprendre que votre chagrin peut vous bloquer. Plus vous surmonterez votre chagrin, plus vous deviendrez un canal de communication ouvert. Si vous vous enlisez dans votre deuil et que vous avez du mal à en guérir, je vous en prie, allez chercher de l'aide. Il existe de nombreux groupes de soutien pour les personnes endeuillées, et différentes approches de guérison qui peuvent vous aider.

Les psychologues ont longtemps vu le chagrin ainsi : « Il est mort et enterré. Passe à autre chose. » Bon, cela ne fonctionnait pas très bien, parce que personne n'était capable de surmonter sa peine. Très souvent, après la mort d'un proche, les survivants vivaient à moitié jusqu'à ce qu'une maladie causée par des émotions mal gérées finisse par les consumer. Le vrai problème que doivent surmonter les personnes endeuillées, c'est la rupture du lien avec un être cher. C'est fini. Ils ne peuvent plus lui demander pardon ou lui dire combien ils l'aiment. Ils ne peuvent pas prendre le téléphone pour bavarder simplement. C'est notre lien au défunt qui nous manque, et c'est un abysse de solitude et d'émotions vides et noires qui prend sa place. Mais cette connexion est-elle vraiment rompue ?

Les psychologues considèrent maintenant qu'il est sain de continuer à communiquer avec nos proches après leur décès. On guérit l'aspect irrévocable de la séparation quand on accepte l'idée que ceux que l'on aime sont encore avec nous en esprit. Il est considéré comme sain, et *non pas* fou, de souligner la mémoire de nos défunts lors de célébrations ou d'occasions spéciales. Les esprits de nos êtres chers disparus aiment nous visiter et veulent que nous soyons heureux. Lorsque nous rions, ceci se répercute en cascade dans le monde des esprits, et ils peuvent sentir notre bonheur. D'autre part, lorsque nous sommes rongés par le chagrin, nos proches dans l'Au-delà n'ont pas la chance de guérir. Notre peine peut effectivement les empêcher de monter dans la lumière.

Un esprit qui est entré dans la lumière vibrera à une très haute fréquence. Bien qu'il garde encore certains traits de personnalité, il est guéri. Ses traits de personnalité nous aident à le reconnaître lorsqu'il vient nous voir. Il nous apparaît aussi de manière à ce que nous le reconnaissions physiquement. Les esprits ont la capacité de communiquer avec nous par télépathie et n'ont pas besoin de dire un mot pour être compris. Leur but est d'exprimer l'amour qu'ils ont pour nous et de nous faire savoir qu'ils existent toujours. Les esprits peuvent nous laisser des signes pour nous dire bonjour d'une manière toute spéciale. Les esprits ont le don d'ubiquité et peuvent être à plus d'un endroit à la fois. Donc, ne vous en faites pas si vous sentez que vous monopolisez tout le temps de votre grand-maman — son esprit peut être avec tous ceux qu'elle aime en même temps.

Les esprits peuvent affecter les animaux, superposer leur image dans une photographie, et faire jouer une chanson à la radio qui vous fera penser à eux. Ils peuvent faire en sorte qu'un livre tombe et s'ouvre sur une page contenant un important message que vous pourrez lire. Ils peuvent affecter toutes sortes d'appareils électriques, allumer ou éteindre la radio ou la télé, déclencher une alarme ou faire éclater une ampoule électrique. Il n'y a vraiment pas de limites à ce qu'un esprit peut faire lorsqu'il veut attirer votre attention. Mais une chose est certaine : il ne vous fera jamais aucun mal.

Revue des différentes énergies

Revoyons maintenant certaines différences entre les énergies que nous pouvons rencontrer.

L'énergie résiduelle ou empreinte de fantôme

- Vous pourriez voir une apparition qui ne réagit pas à l'entourage.
- Vous pourriez entendre l'écho de voix qui ne répondent pas non plus aux questions.
- L'endroit dégagera une énergie que vous pourriez ressentir et interpréter comme étant triste, heureuse, etc.
- Vous pourriez être affecté par l'énergie laissée derrière, que vous en soyez conscient ou pas.

Les fantômes

- Ils donnent des réponses intelligentes aux questions qu'on leur pose.
- Ils peuvent induire un certain type de communication
- Ils peuvent déplacer des objets.
- Ils causent souvent le mauvais fonctionnement des appareils électroniques.
- Ils videront les batteries de votre équipement d'enquête.
- Ils pourraient apparaître comme une ombre ou le corps au complet.
- Une vibration plus basse peut causer des maux de tête et des problèmes aux voix respiratoires supérieures chez les vivants.
- Leur présence peut entraîner chaos et drame chez les vivants.
- Ils apparaissent comme malades, blessés ou désorientés.
- Ils peuvent causer des zones froides dans une pièce.
- Ils peuvent donner la chair de poule à une personne vivante.
- Ils retourneront dans un lieu où ils se sentent à l'aise ou dont ils se souviennent comme le dernier endroit où ils sont allés (maison, bar, ou là où ils sont morts).
- L'environnement paraît plus dense que la normale.
- Ils peuvent s'attacher aux vivants et les vider de leur énergie.
- Les familles des esprits non-guéris ne peuvent pas se remettre de leur chagrin.

- Les apparitions semblent être au même niveau que nous parce qu'elles sont attachées à la terre.
- Le fantôme est terne et peut apparaître en tons de gris.

Les esprits

- Leur vibration est plus élevée, ce qui signifie que l'esprit est guéri.
- Ils seront capables de venir vous voir en rêve ou peuvent livrer un message de guérison.
- Ils manipulent souvent l'environnement pour envoyer des signes aux vivants.
- Ils causent souvent des défaillances dans les appareils électroniques.
- Ils peuvent déplacer des objets.
- Les proches reconnaissent ces apparitions .
- Ils ont tendance à être plus actifs durant les vacances et les occasions spéciales.
- Ils ont la possibilité de vous venir en aide depuis l'Au-delà.
- Ils ont vos intérêts à cœur .
- Une sensation de chaleur dans le cœur nous permet de sentir leur présence.
- Ils peuvent être avec plusieurs personnes simultanément (pas limités à un seul lieu).
- L'apparition peut être légèrement plus haute que notre niveau et sembler flotter lorsqu'elle se déplace.

5
Aider les fantômes à traverser de l'Autre côté

Cela vous aidera de faire la différence entre un fantôme et un esprit, si vous continuez à communiquer avec l'Au-delà. Dans ce chapitre, vous apprendrez une technique simple pour aider les fantômes à passer de l'Autre côté.

Jusqu'ici, nous avons vu de nombreuses raisons d'aider les fantômes qui sont restés prisonniers sur terre à traverser de l'Autre côté. La prochaine question est : comment s'y prend-on ? Et est-ce que n'importe qui peut servir de passeur à un fantôme ? À cette dernière question, je réponds oui et non. Oui, n'importe qui peut apprendre à faire traverser les fantômes, mais ce n'est pas tout le monde qui peut tenter le coup, à moins d'avoir été formé pour cela. Si vous cherchez « comment aider un fantôme à traverser » dans Google, vous obtiendrez toutes sortes de renseignements farfelus qui vous seront plus ou moins utiles dans une situation réelle. Il y a plusieurs façons d'aborder la question, et je vais vous parler de la technique que j'ai trouvée la plus efficace.

Lorsque vous vous connectez à la lumière, ceci permet la connexion du plan terrestre au plan spirituel, et il devient facile pour les fantômes qui sont coincés ici-bas de retrouver le chemin du retour au bercail. Je vais vous enseigner la technique pour faire traverser les fantômes à travers l'onde cérébrale thêta. Si vous vous êtes exercé à atteindre l'onde cérébrale thêta en utilisant la technique de la « Carte routière vers la lumière » présentée au chapitre 2, vous y arriverez facilement. Certains d'entre vous pourraient devoir s'exercer plus longuement à maintenir l'onde cérébrale thêta, et d'autres pourraient devoir travailler sur leurs convictions avant de pouvoir se permettre de se connecter directement. Respectez votre propre rythme, en outre, rappelez-vous et sachez que c'est votre droit divin de vous connecter à la lumière. Cette technique vous permet également de faire traverser plusieurs fantômes en même temps.

Nous commencerons avec la technique de la « Carte routière vers la lumière », puis nous y insérerons la commande pour faire traverser les fantômes.

La technique du « passeur »

1. Commencez par vous asseoir confortablement dans un endroit où vous ne risquez pas d'être dérangé.

2. Fermez les yeux. Inspirez et expirez lentement pour vous aider à vous détendre et à vous centrer.

3. Sentez l'énergie de la Terre Mère entrer par la plante de vos pieds.

4. Laissez cette énergie ouvrir doucement chacun de vos chakras en montant vers le chakra couronne.

5. Imaginez que votre conscience sort à travers votre chakra couronne et au-dessus de votre espace.

6. Continuez à faire monter votre énergie jusqu'à ce que vos paupières commencent à battre doucement.

7. Déclarez votre intention de vous connecter à Dieu, au Créateur, ou à ce que vous considérez comme votre Puissance supérieure.

8. Quand vous sentirez que votre connexion est solide, vous pourrez effectuer cette commande :

   Créateur, je t'ordonne d'envoyer maintenant dans ta lumière tous les esprits ou fantômes à faible vibration qui sont présentement dans cette maison. Guéris-les avec ton amour inconditionnel et transforme-les maintenant dans ta lumière, de la meilleure façon qui soit. Merci.

9. Imaginez que votre énergie tombe directement de l'énergie du Créateur, dans votre maison.

10. Visualisez votre maison dans votre œil mental.

11. Observez le processus. Vous verrez les énergies obscures entrer dans la lumière. Vous pourriez voir des visages ou sentir une bouffée d'émotions en regardant ce processus. Cela prend quelques secondes, et quand vous sentez que c'est terminé, ce l'est. *Notez bien : Pour que cela fonctionne, vous devez observer ce processus pendant que vous êtes connecté à la lumière.*

Si vous avez l'habitude du travail ou des lectures psychiques, vous devrez peut-être vous exercer de nouveau pour vous connecter à la lumière à un niveau légèrement plus élevé. Vous verrez définitivement la différence, car vous serez capable d'être *connecté* et de travailler à ce niveau toute la journée, sans vous fatiguer. De plus, vous constaterez que le travail à ce niveau est extrêmement rapide.

La technique du « passeur » vous semble probablement trop simple pour être efficace. Mais je vous assure que c'est vraiment aussi simple — et puissant — que cela. Les fantômes ne sont pas chez eux ici-bas, et c'est une loi universelle qu'ils doivent passer de l'Autre côté si on l'ordonne alors qu'on est connecté à l'énergie du Créateur. On peut utiliser la technique du passeur pour renvoyer plusieurs fantômes à la fois, en un clin d'œil et facilement. Pour vous montrer son efficacité, je vais vous raconter la fois où j'ai aidé des fantômes à traverser de l'Autre côté durant une enquête paranormale.

TOUT LE MONDE DANS LA LUMIÈRE !

C'était notre seconde visite chez un client, et nous savions que nous y retournions pour aider quelques fantômes à passer de l'Autre côté. La famille avait capté plusieurs PVE en dehors de notre groupe, et l'activité était restée intense depuis notre première enquête. J'étais nouvelle dans ce groupe, et la médium en chef ne savait rien de ma façon de travailler. Avant d'entrer dans la maison, elle a dit qu'elle souhaitait que je m'occupe moi-même du « gros travail » ce soir-là. En fait, elle voulait que j'aide les fantômes à passer de l'Autre côté. J'étais heureuse d'en prendre la responsabilité et j'ai accepté. Puis, elle m'a demandé de lui parler de mon approche, et je lui ai expliqué qu'une fois le contact établi, je me connectais au Créateur et ordonnais que tous les fantômes et esprits égarés entrent dans la lumière en même temps. Il y a eu une seconde de silence, puis elle a repris en disant qu'elle ferait elle-même passer les fantômes. Apparemment, nos façons de procéder étaient différentes, et j'étais curieuse de voir comment elle s'y prenait.

Il y avait eu beaucoup d'activités dans la maison, soit une combinaison de proches décédés venus en visite, de l'énergie résiduelle, et quelques fantômes actifs. En entrant, j'ai détecté l'esprit d'une jeune fille dans la chambre du rez-de-chaussée. La pièce débordait d'antiquités achetées dans des encans ou des ventes de succession. Quand j'ai mentionné la présence du fantôme de la fillette, les fleurs séchées ont commencé à remuer et nous avons entendu des bruissements dans un coin. Une seconde après, la médium en chef a dit avoir senti le fantôme la toucher et tirer sur sa robe. L'énergie de la fillette fantôme était si palpable que nous avons décidé de laisser quelques magnétophones allumés dans la chambre.

Nous sommes sortis de cette pièce et avons continué à enquêter dans le reste de la maison. Environ une demi-heure après avoir quitté la chambre où était la petite fille, nous y sommes retournés pour récupérer nos magnétophones. J'ai senti qu'elle s'était attachée à un objet en porcelaine qui avait appartenu à sa mère et que les propriétaires actuels avaient acheté dans une vente de succession. Nous avons écouté les enregistrements attentivement et avons eu l'heureuse surprise d'avoir capté des preuves de la présence du fantôme de la fillette. Sur plusieurs magnétophones numériques, nous entendions les PVE d'une voix enfantine disant : « Qui sont-ils ? » et « Pourquoi sont-ils ici ? »

C'est alors que la médium en chef a dit qu'elle allait aider le fantôme de la petite fille à passer de l'Autre côté. Elle s'est mise à converser avec elle afin de découvrir pourquoi elle était là et ce qui l'empêchait d'entrer dans la lumière. Le fantôme lui a répondu intuitivement et elle nous a révélé que la fillette ne voulait pas s'en aller parce qu'elle attendait son père et qu'elle ignorait où il était. Après plusieurs vaines tentatives pour convaincre l'enfant de traverser, la médium a compris que nous ne pouvions pas l'aider parce qu'il n'y avait pas moyen de savoir où était son père, ou même comment il s'appelait. Presque une heure a passé avant qu'elle ne décide de passer à un autre fantôme et de recommencer le processus de communication.

La formation que j'ai reçue diffère de plusieurs autres en ceci que je me connecte directement au Créateur. La personne qui travaille strictement au niveau psychique doit communiquer avec les fantômes comme si elle conversait avec une personne vivante. Si un fantôme omet de donner un renseignement ou qu'il refuse de vous livrer des détails, il n'a pas à le faire. Lorsque vous travaillez au niveau psychique, vous êtes beaucoup plus affecté par la personnalité et le drame du fantôme.

Ce que j'ai pu constater en travaillant dans l'onde cérébrale thêta, c'est qu'il n'y a pas de drame. Le Créateur sait tout, par conséquent, je n'ai pas besoin de tout savoir. Lorsque je suis connectée au Créateur, je bénéficie du savoir divin à travers la lumière. Il devient alors simple et facile de faire passer les fantômes de l'Autre côté.

Avec mes coéquipiers, incapables d'aider le fantôme de la fillette à traverser, je me suis éloignée en silence pour terminer le travail. J'étais nouvelle dans le groupe et je ne voulais prendre la place de personne, alors j'ai tourné la tête, j'ai fermé les yeux et je suis montée me connecter à la lumière. Ensuite, j'ai donné cet ordre :

Créateur de tout ce qui existe, j'ordonne que le père de cette petite fille soit envoyé dans ta lumière maintenant, pour son plus grand bien. Merci.

Une seconde plus tard, j'ai vu l'énergie entrer dans la lumière. Mon travail terminé, j'ai ouvert les yeux, sachant que c'était mission accomplie. Je n'avais pas eu besoin de savoir qui était son père, ni où il était. Dieu sait tout, si bien que lorsque je suis connectée à son énergie, c'est chose faite – purement et simplement, sans drame. C'était du moins la formation que j'avais reçue.

La médium en chef, qui ignorait ce que j'avais fait, a déclaré que le fantôme de la fillette lui tapait sur l'épaule pour attirer son attention. Cette fois-ci, elle a dit que le fantôme s'était délié la langue, avait fait un signe de tête dans ma direction et avait dit : « Je veux parler avec cette dame. » Si j'avais eu le moindre doute sur la technique que j'utilisais, ces doutes auraient été instantanément balayés de la main en entendant cela. J'ai obtempéré aussitôt et me suis reconnectée à la lumière. Cette fois-ci, j'ai ordonné d'envoyer cette fillette dans la lumière de la meilleure façon qui soit et pour son plus grand bien, puis j'ai observé le même processus. C'était incroyable que la médium en chef arrive à voir intuitivement le fantôme avec lequel nous travaillions et sache qu'il essayait de communiquer. J'ai été très impressionnée par ses capacités médiumniques, et son expertise est venue consolider mes dons de passeur de fantômes.

Je suis restée assise calmement et j'ai attendu que la médium en chef établisse le contact et fasse passer les autres fantômes de la propriété. Mais après 45 minutes, j'ai commencé à me sentir agitée. Il se faisait tard et j'avais une longue route à faire. Les fantômes n'étaient pas coopératifs et refusaient de traverser. Une fois de plus, j'ai tourné la tête et je suis montée me connecter à la lumière. Cette fois-ci, j'ai donné cet ordre :

Créateur, j'ordonne de purger cette maison, cette propriété et cette terre de tous les fantômes présents. J'ordonne de libérer les personnes et les choses qui ont été affectées par cette énergie perdue, et de les renvoyer tous dans ta lumière maintenant, de la meilleure façon qui soit et pour leur plus grand bien. Merci.

J'ai gardé les yeux fermés jusqu'à ce que je voie toute l'énergie obscure entrer dans la lumière et monter vers le Créateur.

Quand j'ai rouvert les yeux quelques secondes plus tard, la médium en chef a remarqué que tous les fantômes transitaient vers la lumière. Elle en a vu un qui était particulièrement têtu, et dit qu'une moitié de lui était déjà dans la lumière et que le reste de son corps s'effaçait rapidement dans la lumière. Un peu confuse, elle a ajouté qu'ils avaient tous dû décider de partir en même temps et qu'elle ignorait pourquoi.

D'autres façons de faire passer les fantômes

Il y a certainement d'autres moyens de faire passer les fantômes. Je préfère la technique que j'ai apprise dans le Thetahealing[MD] et que je vous ai enseignée parce qu'elle est rapide et facile. Le fait d'entrer en contact avec l'énergie du Créateur vous permet de travailler directement sur le plan spirituel. C'est logique, non ? Les fantômes sont sur le plan spirituel, c'est donc logique de les y rencontrer et de travailler avec eux à ce niveau. Toutefois, il n'y a pas de mauvaise manière de faire passer les fantômes, et j'applaudis quiconque a envie d'aider le monde des esprits de cette façon. Voici d'autres manières d'aider les fantômes à traverser de l'Autre côté :

- Un autre moyen de faire passer les fantômes consiste à les guider vers une maison funéraire. Essentiellement, le fantôme a choisi de rester derrière et a perdu sa connexion à la lumière, ou bien il est devenu si blafard qu'il ne peut plus la voir. Certaines personnes croient que les maisons funéraires ont une source de lumière en raison de l'incessante circulation de défunts. Rappelez-vous que si l'esprit est connecté à la lumière pendant neuf jours suivant sa mort, il est logique qu'une maison funéraire soit un bon endroit pour trouver une source de lumière. Cela ne fait pas de différence que la lumière appartienne à une personne récemment décédée ou à un fantôme qui erre dans les alentours. N'importe qui peut utiliser la lumière durant cette période. La lumière est comme une autoroute à sens unique qui peut catapulter l'énergie ou les fantômes égarés jusqu'à Dieu.

- Dire à un fantôme d'entrer dans la lumière ne fonctionnera normalement pas. Il n'a plus accès à la lumière et c'est pour cela qu'il a besoin de votre aide. Si vous travaillez avec l'énergie depuis longtemps, vous pourrez peut-être ouvrir les portails de lumière que les fantômes empruntent pour passer de l'Autre côté.
- Certains fantômes sont très territoriaux par rapport aux maisons ou aux entreprise qu'ils ont aimées, et ils ne les abandonneront pas parce qu'on leur demande ou qu'on leur ordonne de le faire. Partager l'espace avec eux peut être un compromis tolérable, mais sachez qu'ils pourraient se montrer capricieux si vous faites les choses autrement qu'à leur habitude. Il faudra vous défendre et faire savoir au fantôme que c'est maintenant votre maison/votre immeuble. Disposez donc de votre espace.

- Ne perdez pas votre temps à dire au fantôme d'aller retrouver sa famille. Il n'est pas connecté à la lumière, ou alors celle-ci est si faible qu'il ne peut plus la voir. Il est incapable de voir sa famille qui l'attend de l'Autre côté. La majorité des fantômes errent dans l'obscurité et pensent que notre force vitale est la lumière. Les prières peuvent aider, surtout si vous les récitez près d'une chandelle allumée. Les prières demandant à l'archange Michel de les faire entrer dans la lumière peuvent aussi se révéler très efficaces.
- Vous pouvez faire appel à l'escadron d'aides spirituels et d'anciens fantômes désignés afin qu'ils interviennent et chassent le fantôme. Vous pouvez également invoquer le secours des anges de la miséricorde pour faire entrer les fantômes dans la lumière.
- Formez un cercle avec plusieurs personnes en vous tenant par la main et, tandis que vous êtes dans un état méditatif, imaginez qu'il y a un portail de lumière au centre du cercle. Si tout le monde reste concentré, l'exercice sera très puissant. Aussitôt que le fantôme sera entré dans le cercle, il sera transporté vers les cieux à travers la lumière. Un grand nombre de fantômes souhaitent revoir leurs êtres chers et cesser de souffrir, alors dites-leur que cela va les aider.
- Le fait de vous guérir vous-même aide effectivement à augmenter la vibration d'un fantôme, en particulier lorsque les problèmes qui ont besoin d'être solutionnés sont ce qui vous a liés l'un à l'autre.

- Il suffit parfois d'effectuer une guérison sur un fantôme pour l'expédier dans la lumière et l'aider à traverser. Envoyez-lui de l'amour (pas de pitié, ne souscrivez pas à son drame) ou une énergie de rétablissement. Quand vous le verrez se remplir de lumière de guérison, il émergera avec la lumière et montera au Ciel.
- Parfois, le fantôme a simplement besoin de raconter son histoire. Il peut vous envoyer des signes ou essayer de vous dire la raison de sa présence dans les limbes. Si vous restez calme et que vous écoutez, cela pourrait lui suffire, car enfin quelqu'un saura la vérité. D'autres fantômes peuvent espérer que vous fassiez quelque chose pour eux, comme résoudre leur crime ou retrouver leur corps manquant. Il n'est pas nécessaire de vous impliquer dans l'affaire, quoique certains trouvent cela très épanouissant. Un fantôme a parfois besoin que quelqu'un sache qu'il ne s'est pas enlevé la vie exprès et que sa mort était un accident avant de pouvoir aller de l'avant. Il vaut mieux commencer par faire passer le fantôme de l'Autre côté, puis travailler avec lui en esprit pour l'aider. Dites-lui que vous allez l'aider lorsque son énergie sera rétablie dans la lumière. Cela vous économisera temps et difficulté, parce que les fantômes ne disent pas toujours la vérité. Aussitôt que le fantôme aura traversé, il pourra travailler plus efficacement avec vous.
- Faire brûler de la sauge peut augmenter la vibration d'un espace et diminuer l'emprise du fantôme sur cet espace, mais cela ne l'aide pas à traverser. Si vous

trouvez que le fantôme est très têtu, vous pouvez alors utiliser tous les outils dont vous disposez. Faites brûler de la sauge chaque jour pour diminuer l'attachement énergétique que le fantôme a à cet endroit, puis faites-le passer de l'Autre côté.

- Souvent, lorsqu'une personne tente de faire passer un fantôme, elle utilise sa propre lumière sans le vouloir. Si vous ordonnez à un fantôme d'entrer dans la lumière et que la seule lumière qu'il voit émane de vous, c'est cette lumière qu'il utilisera. Mais très souvent, au lieu de monter dans la lumière et de traverser, le fantôme restera dans votre lumière sous forme d'attachement. Vous pourriez en être totalement inconscient, jusqu'à ce que votre santé en soit affectée et que vous vous retrouviez épuisé, sans énergie. Il vaut toujours mieux utiliser la lumière du Créateur et observer que le passage s'est accompli.

Les fantômes sont toujours très pris dans leur drame, et c'est à cause de leur ego qu'ils demeurent prisonniers ici-bas. En leur accordant trop de votre temps, vous risquez de commencer à vivre leur drame. N'oubliez pas que c'est votre vie. Vous êtes la personne vivante, et c'est à votre tour d'être ici. C'est très gratifiant de travailler avec les fantômes, mais n'oubliez jamais cela.

UN PÈRE TRAVERSE GRÂCE AU PARDON

Durant une séance de guérison, je me suis connectée à un proche décédé qui accompagnait ma cliente. Je ne savais rien de cette cliente ou de sa famille à ce moment-là. Je lui ai dit que je sentais que l'énergie de son père l'accompagnait, mais qu'elle me semblait un peu délabrée, comme l'énergie d'un alcoolique. Elle est devenue très émotive et m'a confirmé que son père était mort et qu'effectivement, il était alcoolique. Elle espérait qu'il passe de l'Autre côté ce soir-là, parce qu'elle l'avait senti autour d'elle très souvent. En accédant à son énergie, j'ai intuitivement vu de quoi il avait l'air. Je voyais comment il se tenait et comment il était vêtu. Je voyais également les remords qu'il éprouvait. Il était gris foncé, ce qui indiquait qu'il n'était pas entré dans la lumière et qu'il avait encore besoin de guérison. Quand je lui ai décrit dans quel état il m'était apparu, ma cliente a su elle aussi qu'il avait besoin d'être guéri.

Elle m'a demandé si elle avait pu contribuer à son état actuel en ne lui pardonnant pas. Quand elle est partie ce jour-là, elle a décidé d'appeler les autres membres de sa famille et de leur dire qu'ils devaient tous pardonner à son père afin qu'il puisse entrer dans la lumière. Son père avait causé beaucoup de souffrances à tous ses proches, et le pardon n'était pas une attitude qui leur venait facilement. Mais lorsqu'ils ont compris qu'ils l'empêchaient de passer de l'Autre côté, ils ont décidé, par amour, de lui pardonner et de le libérer.

Ce fut une guérison très particulière, car ils se sont tous sentis soulagés de ce refus de pardonner qu'ils traînaient avec eux, et parce que le père a enfin pu entrer librement dans la lumière. Était-ce parce que son remords s'était changé en gratitude ? Ou bien était-ce parce que l'acte de pardonner lui-même l'avait guéri ? Quoi qu'il en soit, sa vibration a changé et il a pu aisément entrer dans la lumière.

C'est un plaisir pour moi de pouvoir partager la technique du « passeur » avec vous. Je crois qu'il faut que plus de gens acquièrent cette capacité maintenant. Les fantômes dégagent des vibrations faibles et ternes qui affectent négativement les vivants. Comment croyez-vous que des millions de fantômes affectent la vibration de la planète ? Chaque fois que vous aidez une âme prisonnière à trouver la lumière, vous participez énergétiquement au mieux-être de la planète. Vous aidez également les êtres chers des fantômes qui en ont souffert. Les répercussions se font sentir beaucoup plus loin que vous ne pourriez l'imaginer.

6
Possession et oppression

Plus vous connaîtrez le monde des esprits, plus vous risquez de rencontrer une entité qui ne sera ni un fantôme ni un esprit. Il y a des entités dont la présence est plus noire, et je ne vous rendrais pas service en ne vous parlant pas de ces entités noires et en ne vous enseignant pas aussi à les chasser. Même si la plupart n'en croisera jamais, certains y seront confrontés, ce serait donc sage de vous y préparer. Le processus pour chasser les entités noires est aussi simple que la technique du « passeur », avec une légère différence : vous aurez besoin du nom de l'entité pour pouvoir l'expédier de l'Autre côté.

Il peut sembler impossible de trouver le nom de l'entité que vous tentez de faire traverser, mais en réalité, c'est assez simple. Je suis désolée pour ceux qui aiment les sensations fortes, mais la plupart du temps, ce n'est même pas spectaculaire. N'importe qui peut faire traverser une entité noire sans danger et efficacement à l'aide de l'onde cérébrale thêta. Je suis convaincue que si certains exorcismes échouent, c'est parce que le prêtre travaille surtout sur le plan physique pour évincer quelque chose du plan spirituel. À mon avis, les prêtres auraient avantage à apprendre une technique comme le Thetahealing^MD, afin de travailler plus efficacement avec l'Au-delà. Souvenez-vous, il n'est pas nécessaire d'être plus fort qu'une force obscure, car si l'on se connecte à la lumière, on peut utiliser la force de tous les cieux.

Voici la technique que j'ai utilisée pour chasser ces entités noires. Je les renvoie toujours à Dieu afin qu'elles soient transformées dans la lumière. Assurez-vous que vous ne faites pas que libérer la personne ou l'endroit sans les voir retourner à Dieu, ou vous pourriez vous retrouver attaché à eux. Il faut absolument qu'ils quittent le plan terrestre.

La technique « chasser une entité diabolique »

1. Commencez par vous asseoir confortablement dans un endroit où personne ne viendra vous déranger.

2. Fermez les yeux. Inspirez et expirez lentement pour vous aider à vous détendre et à vous centrer.

3. Sentez l'énergie de la Terre Mère monter par la plante de vos pieds.

4. Laissez cette énergie ouvrir doucement chacun de vos chakras tandis qu'elle monte jusqu'au sommet de votre tête.

5. Imaginez que votre conscience sort par le sommet de votre tête et au-dessus de votre espace.

6. Continuez à déplacer votre énergie jusqu'à ce que vos paupières commencent à battre doucement.

7. Déclarez votre intention de vous connecter à Dieu, au Créateur, ou à toute autre Puissance supérieure.

8. Quand vous sentirez que votre connexion est solide, vous pourrez donner cet ordre :

   Créateur, j'ordonne de connaître le nom de cette entité maintenant.

   Vous entendrez ou saurez intuitivement le nom immédiatement. Ensuite, dites :

   Créateur, je t'ordonne d'accueillir (utilisez le nom que l'on vous a donné) dans ta lumière maintenant. Merci.

9. Imaginez que votre énergie tombe de l'énergie même du Créateur et à l'endroit où vous souhaitez chasser l'entité. Cela inclut le corps d'une personne qui est actuellement l'hôte d'une entité diabolique.

10. Visualisez l'endroit/la personne dans votre œil mental.

11. Assistez au processus. Vous verrez les énergies obscures aller vers la lumière. Attendez que le processus soit achevé. Assurez-vous que l'entité est complètement entrée dans la lumière, puis imaginez que vous claquez une porte pour l'empêcher de revenir. *Notez bien : Pour que cela fonctionne, vous devez observer le processus pendant que vous êtes connecté à la lumière.*

Les entités noires peuvent résider dans n'importe quel lieu et au sein d'une personne. Lorsque vous rencontrez un fantôme qui semble particulièrement noir, il se peut qu'une entité diabolique soit présente. Si la personne vivante est griffée, qu'elle voit luire des yeux rouges, qu'elle entend des grognements ou des rugissements, ou si elle se sent menacée, il s'agit fort probablement d'une entité diabolique. La règle numéro un est de procéder comme vous le feriez normalement pour faire traverser n'importe quel fantôme prisonnier en ce lieu. Cela réduira le nombre d'esprits avec lesquels vous travaillez. S'il s'agit d'un fantôme menaçant et non d'un démon, il s'en ira avec la technique du « passeur ». S'il ne s'en va pas et que vous sentez que la présence veut vous faire du mal, je vous conseille d'utiliser la technique « chasser une entité diabolique ». Si vous appelez l'entité par son nom pendant que vous êtes connecté au Créateur, elle devrait normalement partir.

Il y a des gens qui disent que ce genre de possession n'est pas réel. Ils pensent peut-être ainsi parce qu'ils n'en ont pas rencontré personnellement. Il semble fou et naïf de limiter l'Au-delà et de s'attendre à ce que le monde des esprits suive les règles du noir et blanc. Considérez que l'entièreté du monde des esprits est un lieu morne où les choses se produiront même des années après que vous aurez formé vos pensées et croyances relativement à ce que vous en comprenez. Les êtres humains aiment comprendre les choses afin de se sentir en sécurité. Cependant, le monde des esprits est fait d'infinies possibilités qui vous secoueront et vous enseigneront quelque chose chaque fois que vous vous impliquerez.

Les entités noires peuvent apparaître sous la forme d'un fantôme en colère, d'une bête ou d'un démon. Mais elles peuvent aussi se déguiser en fantôme d'enfant sans défense, ou sous une forme que vous accueilleriez naturellement. Ils sont très manipulateurs et tenteront de vous piéger afin d'acquérir du pouvoir. Que l'entité prenne ou non la forme d'un fantôme, c'est sans importance. Ce qui importe, c'est de savoir que ces entités sont bien réelles, pour que vous soyez prêt à les exterminer si vous les rencontrez. Tout comme il y a de bonnes et de mauvaises personnes vivantes, il y a de bonnes et de mauvaises entités dans le monde des esprits.

Quand je suis allée à Medjugorje, un prêtre guérisseur voyageait avec nous. Il a travaillé avec tous ceux qui avaient envie d'apprendre et, trois jours durant, il nous a enseigné à guérir et à éliminer les entités noires. J'étais curieuse de savoir pourquoi il voulait enseigner à des gens laïcs à réaliser le type de guérison qu'il pratiquait, et il m'a répondu qu'il y avait un immense besoin de guérison sur notre planète et trop peu de prêtres guérisseurs. Il a dit que nous avions tous besoin d'apprendre à nous guérir nous-mêmes et nos semblables. Ce jour-là, ses paroles ont changé ma vie, car j'avais enfin la permission tant attendue de faire le travail pour lequel je me sentais appelée.

Le prêtre nous a dit de demander à connaître le nom du démon lorsque nous travaillons avec des entités noires. Il a également dit que nous pourrions chasser l'entité en prononçant les mots « sang du Christ ». En eux-mêmes, ces mots sont extrêmement puissants, a-t-il ajouté. Au fil des ans, j'ai utilisé ce que ce prêtre guérisseur m'avait enseigné avec des résultats impressionnants. J'ai aussi appris toutes les autres méthodes possibles pour chasser les esprits et travailler avec l'énergie, de sorte que j'étais bien préparée. Quand j'ai étudié la technique de Thetahealing^MD^, il m'a semblé avoir fait le tour du sujet. Les techniques sont similaires, à la grande différence que la technique de Thetahealing^{MD} utilise une onde cérébrale plus lente, ce qui me permet d'observer le travail de purification sur le plan spirituel.

SE RÉTABLIR D'UNE ATTAQUE

Dans chaque maison que j'ai habitée étant adulte, il avait une pièce réservée à la guérison. Les gens qui cherchent à être guéris me trouvent généralement en passant par des amis ou des clients. Un jour, une jeune femme est venue me voir pour une guérison, mais elle ne voulait pas me dire ce qui n'allait pas. J'ai découvert par la suite que c'était une sorte de test, parce qu'elle avait déjà vu différents guérisseurs sans succès.

À l'époque où elle est venue me voir, je vivais avec une amie qui était massothérapeute et ma fille de cinq ans. J'ai demandé à ma colocataire de m'aider à effectuer cette guérison. Nous avons allumé une chandelle et commencé à travailler au niveau énergétique avec la femme tout en priant. Au début, rien n'a semblé se produire, puis je me suis rappelé ce que le prêtre guérisseur m'avait enseigné. Soudain, la flamme de la chandelle s'est allongée de 20 à 30 centimètres en vacillant et en sautant au-dessus de la mèche. L'ayant remarqué, nous avons su que quelque chose d'important allait se produire. Ma fille a alors joint ses efforts aux nôtres pour envoyer de l'amour à notre cliente.

Soudain, comme si elle s'était accumulée pendant toute une vie, l'énergie dans la pièce semblait être comme explosion. Notre cliente a commencé à hurler de douleur en se pliant dans la position fœtale. Les contorsions et les convulsions ont duré quelques minutes, pour enfin se réduire à un doux gémissement. Quand elle a été en mesure de nous parler, elle nous a dit avoir été victime d'un viol collectif plusieurs années auparavant. Elle avait cherché à s'en guérir, mais a confessé qu'aucun des guérisseurs n'avait réussi à aller assez loin pour l'aider à apaiser sa souffrance.

Souvent, quand quelqu'un a été victime d'une violente attaque, le démon qui a influencé l'attaquant élit domicile dans la victime. C'est comme s'il sautait d'un hôte à un autre. Il arrive que la victime soit anéantie émotionnellement et spirituellement, ce qui la rend faible et sujette à laisser entrer les entités noires. Dans ce cas, la guérison énergétique a aidé notre cliente à s'ouvrir et l'a préparée à ce qui était sur le point de sortir. Mais les mots que j'ai murmurés, « sang du Christ », ont catapulté le démon en-dehors d'elle. Des mois après, je l'ai revue et c'était une nouvelle personne. Elle avait effectué de nombreux changements dans sa vie et avait retrouvé la joie de vivre.

ÉVANOUISSEMENT

Un jour, je travaillais avec une cliente quand je me suis rendu compte qu'elle avait une entité malveillante en elle. On lui avait diagnostiqué des problèmes de santé mentale et une lourde médication lui avait été prescrite. Elle se disait incapable de se connecter à Dieu, et après plusieurs tentatives infructueuses, elle m'a finalement appelée à l'aide.

La médication peut compromettre la capacité d'une personne à se connecter à la lumière. Mais dans le cas de cette femme, son corps était devenu l'hôte d'une entité extrêmement noire. Lorsque j'ai compris ce qui se passait, j'ai repensé à la formation que j'avais suivie pour affronter les esprits des ténèbres. Tout ce que le prêtre guérisseur m'avait enseigné et tout ce que j'avais appris du Theta-healing^MD, tout cela a fusionné. Convaincue que la technique que j'utilisais était efficace, j'ai procédé à la guérison.

Le visage impassible afin de ne pas alarmer ma cliente, je lui ai demandé si je pouvais chasser l'énergie négative qui était en elle. Elle a accepté. Je me suis connectée à la lumière et, en silence, j'ai ordonné que me soit révélé le nom du démon. Intuitivement, j'ai tout de suite reçu un nom. Dans ma tête, j'ai appelé l'entité par son nom et lui ai ordonné de retourner à Dieu. C'est alors que j'ai vu une ombre noire monter sur une route de lumière et que je l'ai imaginée claquant la porte du Ciel derrière elle. C'est la loi divine : lorsque vous ordonnez à une entité de s'en aller pendant que vous êtes connecté à la lumière, elle doit partir. Quand j'ai su que c'était fait, j'ai ouvert les yeux et j'ai continué à travailler sur les croyances de ma cliente.

Elle s'est brusquement éloignée de moi en disant qu'elle avait besoin de s'étendre. Elle m'a demandé un jus ou quelque chose à boire et s'est évanouie sur le sofa de ma pièce de guérison. Je ne lui ai pas dit que j'avais chassé un esprit obscur qui l'avait possédée, parce qu'elle aurait été consumée par la peur. Mais c'était fort intéressant de voir à quel point son corps était affecté par la suppression d'une entité aussi puissante.

C'était ma première expérience d'expulsion d'une possession à l'aide de la technique que j'avais apprise dans le Thetahealing^MD. Depuis, j'ai vu plusieurs autres possessions et je les ai chassées avec la même facilité et autant d'efficacité. En effectuant ce type de purge, il est sans doute plus courant d'avoir affaire à une oppression plutôt qu'à une vraie possession.

DÉMONS PERSONNELS

Il y a quelques années, j'ai vécu quelque chose qui a changé ma façon de percevoir le mal. J'ai eu l'impression d'être au milieu d'une lutte entre le bien et le mal, et mon compagnon de l'époque était confronté à ses propres démons. Pour certains, les démons personnels peuvent être des questions de mauvais traitements, de drogues ou d'alcool. Bien sûr, je pensais pouvoir l'aider à force d'amour, mais il était très mal en point et très buté. J'ai donc décidé d'assister à une messe de guérison pour pouvoir guérir la part en moi qui attirait toujours le même type d'homme. Mon compagnon m'accompagnait, mais quand mon tour est arrivé pour la guérison, il s'est présenté

> devant l'autel, s'est placé à côté de moi, et a plutôt demandé que l'on guérisse notre relation. J'étais mortifiée, mais j'ai baissé la tête pour que le groupe puisse quand même prier pour nous.
>
> Tandis que le groupe priait, j'ai commencé à sentir des ongles acérés monter le long de ma colonne vertébrale. Tête baissée, j'ai bel et bien vu mon chandail de grosse laine se soulever pendant qu'une créature invisible glissait hors de moi. J'étais horrifiée d'apprendre qu'une telle chose avait été en moi. La guérisseuse m'a expliqué que je m'étais littéralement approprié cette chose pour quelqu'un que j'aimais. Puis elle m'a conseillé de me remplir d'amour immédiatement, afin que cette chose ne puisse plus revenir.

Certaines personnes pensent que la possession est une échappatoire pour celui ou celle qui ne veut pas assumer le mal qu'il a fait. Mais je crois que les gens sont possédés beaucoup plus souvent qu'on le pense, et que nos prisons sont remplies de gens qui ont vécu ce phénomène. Cela n'exonère cependant pas de sa responsabilité ce que j'appelle le « corps hôte ». Le corps hôte est toujours responsable de permettre à son corps spirituel de devenir si faible qu'une entité peut y entrer facilement.

Comment peut-on devenir spirituellement faible ? Exactement comme un esprit peut choisir la lumière ou s'en détourner, les personnes vivantes font elles aussi ce choix. Chaque jour, nous sommes confrontés à des décisions éthiques qui nous aident soit à renforcer notre esprit, soit à l'affaiblir. Lorsque nous mentons, cela affaiblit notre esprit. Lorsque nous faisons intentionnellement du mal à quelqu'un, cela affaiblit notre esprit. À contrario, la vérité est une puissante force et elle renforce toujours l'esprit. Aider quelqu'un à guérir (incluant vous-même) renforce votre esprit.

En termes d'énergie spirituelle, nous devons penser aux autres comme à des parts de nous-mêmes. Nous sommes réellement connectés à tous ceux et celles qui nous entourent en tout temps, des deux côtés du voile. Il arrive très souvent que l'on veuille faire le bien et vivre une bonne vie, mais on se sent écrasé par notre entourage. Souvent, l'enfant maltraité deviendra un parent abusif. Il aura beau tout faire pour agir différemment, les programmes de son inconscient le ramèneront toujours aux mauvais traitements. Il est possible de guérir et de rétablir ces programmes inconscients. Quel que soit le mal que l'on vous a fait durant votre enfance, vous pouvez chercher à guérir et changer le cours de votre existence si vous le décidez.

Quand une personne a vécu sa vie et pris l'habitude de faire des choix qui blessaient les autres, son esprit devient faible et sa lumière baisse. Lorsque cela arrive à une personne vivante, il devient très facile pour les entités à basses vibrations d'élire domicile en elle. Cela peut également se produire durant une longue maladie où la personne perd espoir, ou lorsque quelqu'un soumet son corps à des abus de drogues ou d'alcool. Il y a des gens dont la vibration est si basse au niveau spirituel, qu'ils ont l'impression de ne pas avoir d'âme. Leur regard est vide et terne et ils sont l'équivalent spirituel des morts vivants. C'est alors que le corps de ces personnes devient l'hôte par excellence des entités noires.

Il arrive qu'une personne souhaite être spirituellement forte, mais qu'elle soit rongée par la crainte des forces obscures. Cela résulte généralement d'une éducation religieuse trop stricte, qui était censée la servir, mais qui l'a effectivement affaiblie à cause de la peur. La peur est une très basse vibration, et je crois que c'est à nous d'affronter nos peurs afin d'apprendre et de grandir.

Une entité noire peut affecter une personne vivante dans l'environnement qu'elle occupe ; elle peut aussi affecter les vivants plus directement à travers l'oppression et la possession.

L'oppression

L'oppression, c'est lorsqu'une entité noire ou un fantôme essaie de vous détruire lentement afin de pouvoir vous posséder. Voici quelques symptômes classiques de l'oppression :

- Pensées et sentiments compulsifs
- Image de soi extrêmement négative
- Confusion incessante
- Incapacité à croire en Dieu (ou en l'espoir ou la bonté)
- Perception de colère ou d'hostilité chez autrui lorsque ce n'est vraiment pas le cas
- Cauchemars pouvant contenir des images démoniaques
- Pensées violentes (suicidaires, meurtrières, autodestructrices, etc.)
- Hostilité ou peur terrible en voyant quelqu'un participer à un travail de délivrance : ce peut être

quelqu'un qui chasse les mauvais esprits ou qui libère ceux qui sont tenus en otage par un esprit maléfique

- Dépression profonde et abattement
- Peurs irrationnelles, crises de panique et phobies
- Colère et rage irrationnelles
- Culpabilité irrationnelle et condamnation de soi
- Désir de faire ce qui est bien, tout en étant incapable de le faire
- Changements soudains de personnalité et d'attitude
- Comportements compulsifs
- Forte aversion envers Dieu
- Regard vide avec contraction des paupières
- Mensonge, exagération ou vol
- Compulsion sexuelle
- Obsessions alimentaires (incluant la boulimie et l'anorexie nerveuse)
- Rires ou pleurs irrationnels
- Traits du visage déformés ou changés
- Incapacité à se regarder dans les yeux
- Abus de drogues (en particulier en présence d'hallucinations démoniaques)
- Compulsion à se blesser soi-même ou à blesser les autres
- Utilisation soudaine d'un langage qui nous était jusqu'alors inconnu
- Langage corporel ou réactions verbales au nom et au sang de Jésus
- Agitation extrême (en particulier dans un lieu spirituel)

- Voix qui coupe et se moque de façon irrationnelle
- Langage et actions vulgaires
- Problèmes de conscience
- Perte de la notion du temps (de quelques minutes à des heures) ; se retrouver quelque part sans savoir comment on y est arrivé ; faire régulièrement des choses dont on n'a aucun souvenir, etc.
- Torpeur extrême face au domaine spirituel
- Démonstration de capacités extraordinaires apparues soudainement
- Voix dans la tête (elles se moquent, intimident, accusent, menacent ou négocient)
- Le sujet fait référence à lui/elle-même à la troisième personne
- Problèmes médicaux anormaux
- Crises
- Absences/blackouts
- Douleur (sans explication logique, en particulier à la tête et/ou à l'estomac)
- Malaises physiques pouvant souvent être soulagés immédiatement par un ordre ou une autorité spirituelle
- Sifflement soudain dans les oreilles ; incapacité à parler ou à entendre ; terribles maux de tête ; plus grande sensibilité au bruit ou au toucher ; frissons ou chaleurs insoutenables ; engourdissement des bras ou des jambes, voire paralysie temporaire

Il n'est pas nécessaire d'avoir tous ces symptômes, mais pour un œil avisé ou quelqu'un qui travaille avec ce type d'énergies, ce sera très évident.

Si vous pensez que vous ou un proche vivez de l'oppression, il faut absolument aller chercher de l'aide. Cela concerne les esprits et ça ne se résorbera pas tant que ce ne sera pas traité au niveau spirituel. Une personne opprimée aura du mal à s'en sortir, parce que l'entité refusera de se laisser déloger. Elle dira ce qu'il faudra afin de rester à proximité.

Les personnes très ouvertes psychiquement peuvent parfois être attaquées par une entité noire. Il faut comprendre que lorsque vous êtes très ouvert, vous devez prendre plus de responsabilités pour grandir spirituellement, et apprendre à vous protéger des énergies plus basses. Souvent, lorsqu'ils atteignent la maturité, les individus ouvrent à nouveau leurs capacités psychiques naturelles. Dans la majorité des cas, cela se produira autour de 40 ans.

UN AIMANT À DÉMONS

Mon mari avait l'habitude d'être affecté par des entités noires et il en ramenait régulièrement à la maison. Cela nous sautait aux yeux, à ma fille et à moi, parce que son allure était totalement différente et son comportement était négatif. Je lui ai donné la prière à l'archange Michel et lui ai conseillé de la réciter dans sa voiture avant de rentrer à la maison après un déplacement. Les fois où il a oublié de dire cette prière et de purger son énergie, nous avons eu des perturbations majeures et inexpliquées à la maison.

Un soir, il est rentré tard après une journée de travail sur la construction. Dans la salle de bain, il s'est rappelé qu'il avait oublié de dire la prière et l'a récitée pendant qu'il était sous la douche. Sans réfléchir davantage, il en est sorti tranquillement et est venu se coucher. Au bout d'un moment, le robinet s'est mis à couler tout seul ; le pommeau de douche est tombé de son support mural, et toutes les bouteilles de champoing et de revitalisant sont tombées et ont atterri par terre avec fracas ! Je lui ai demandé s'il avait pensé à chasser l'énergie négative avant de rentrer et il a admis l'avoir fait pendant qu'il était sous la douche.

LES DÉMONS DU DIVORCE

Un accident impliquant mon mari s'est produit lorsque nous avons commencé à nous fréquenter. Après son divorce, il est retourné vivre temporairement chez ses parents. Un soir, alors qu'il dormait dans la chambre d'invités, il s'est réveillé en sentant que quelqu'un ou quelque chose s'assoyait au pied du lit. Par réflexe, il a donné un coup de pied et a ouvert les yeux pour regarder autour de lui. Au plafond, des ombres noires tournoyaient au-dessus du lit. Il était terrifié et ne savait pas comment se protéger. Depuis ce temps, nous avons beaucoup appris sur la protection et l'importance de se renforcer par la prière et la méditation.

Mon mari a appris à garder son énergie équilibrée et protégée grâce à la méditation, à la guérison et à la purification. Ce type de perturbations ne se produit plus jamais chez nous, et vous pouvez vous aussi apprendre à vous protéger.

Pour vaincre les esprits oppresseurs, il faut agir. Vous devriez augmenter votre vibration par tous les moyens à votre disposition, comme suivre un régime alimentaire, faire de l'exercice physique, dire non aux drogues et à l'alcool, effectuer un travail de pardon, surmonter vos peurs, prendre des bains de sel de mer, fumiger votre maison à la sauge, écouter de la musique qui élève l'âme, et savoir vous entourer des bonnes personnes. Vous devriez chercher des amis qui ont une attitude positive et une vibration plus élevée — oublier les Debbie Downer ou autres personnages négatifs ! Vous pourriez aussi vous connecter à la lumière à travers la méditation ou la prière, et/ou voir un guérisseur ou un conseiller spirituel qui pourra vous aider. Quand vous aurez réglé cette situation, vous ne devriez plus avoir de problème. Les esprits n'auront plus aucun plaisir à se jouer de vous quand vous aurez repris le pouvoir !

La possession

Pour que quelqu'un soit possédé, il doit permettre à un esprit ou à une entité de prendre le dessus sur sa personne. Il faut interagir avec l'entité et l'inciter à rester et à passer du temps avec vous, au lieu de la chasser. En principe, il faut inviter l'entité pour qu'elle puisse vous posséder. En tant que personne vivante, vous avez l'autorité de vous protéger. Un esprit ou une entité ne peut pas rester dans un corps vivant à moins d'y être invité. Ne laissez jamais, sous aucune considération, un esprit entrer dans votre corps.

7
Types de fantômes

Si vous désirez en apprendre davantage sur les fantômes et que vous ne vivez pas dans une maison hantée en ce moment, vous devrez trouver des lieux où il y a une activité paranormale. Vous ne devriez pas avoir besoin d'aller trop loin, car il y en a partout. Dans ce chapitre, je vais vous conseiller des endroits où vous trouverez des lieux hantés près de chez vous. Le taux d'apparitions rapportées ces dernières années a considérablement augmenté, ce qui devrait vous faciliter la tâche. Mais y a-t-il vraiment plus de fantômes, ou ne serait-ce pas plutôt que plus de gens en font l'expérience parce qu'il y a plus d'appareils pour sonder le paranormal ? Dans le passé, on comptait uniquement sur le contact visuel avec un fantôme. À présent, nous disposons d'appareils qui nous aident à valider ce phénomène, ce qui permet au grand public d'accéder à un monde dont on avait nié l'existence jusqu'ici.

La conscience a changé aussi dans le public en général. Il est plus acceptable d'avoir des discussions sur les fantômes, et plus de gens racontent leurs expériences. Est-ce que cela a quelque chose à voir avec les changements vibrationnels terrestres, lesquels ont littéralement fait tomber le voile entre les mondes ? Le voile est une chose imaginée qui nous sépare de l'Autre côté. Plus précisément, c'est la séparation de la vibration entre les mondes. Y a-t-il réellement, de nos jours, plus de personnes décédées qui choisissent de ne pas entrer dans la lumière, ou en sommes-nous simplement plus conscients ?

Je ne peux pas prétendre que la mort était moins tragique à une époque qu'à une autre. Les tribus anciennes subissaient de terribles pertes durant les combats, les sacrifices humains et la famine. Il y avait des épidémies qui ravageaient des villes entières et des désastres naturels qui fauchaient des centaines de vies d'un coup. Il y avait des meurtres, des suicides, des accidents de voitures, des problèmes de santé, des noyades et d'innombrables autres façons de mourir. Mais peu importe de quoi une personne meurt, les vivants en souffrent toujours. La nationalité ou la race ne fait aucune différence. Nous partageons tous l'expérience humaine de la mort et de la perte d'êtres chers. Il y aura toujours des émotions pour accompagner la perte d'une vie, comme le chagrin et le sentiment que l'on ne s'était pas tout dit.

Qu'est-ce qui détermine si une personne fera aisément la transition vers la lumière ou restera derrière et sera perçue comme un fantôme ? Est-ce que le choix dépend de l'injustice de la mort ? De la brutalité ? Ou encore de la période ou du moment où cela s'est produit ? Tous ces facteurs contribuent au choix de rester derrière, mais ultimement, la question relève du *libre arbitre* de chacun. Cela signifie qu'il est tout aussi probable que l'on rencontre un fantôme mort dans un terrible accident, qu'un fantôme mort de vieillesse.

Il semble que bon nombre de ceux et celles qui décident de travailler avec le monde des esprits ont été choisis par l'Autre côté. Ce sont des personnes qui ont eu de multiples expériences avec le monde des esprits tout au long de leur vie, et qui ne peuvent ignorer un appel à l'aide. Ces gens n'auront pas besoin de partir à la recherche de fantômes, parce que les fantômes les trouveront. Ils devront toutefois apprendre à discerner les esprits, à se protéger et à faire passer les fantômes de l'Autre côté. Quand vous aurez appliqué les techniques de ce livre pour aider les fantômes à guérir et à entrer dans la lumière, ce processus deviendra une seconde nature pour vous. Vous pourriez vous mettre à faire ce travail professionnellement ou dans le cadre de votre vie quotidienne.

Pour augmenter vos chances de trouver une âme égarée, la logique veut que vous alliez dans un endroit où plusieurs âmes ont trouvé la mort. Il y a, dans chaque région, un événement historique qui est significatif pour un passionné des fantômes. Faites une recherche pour découvrir si votre ville elle a été le théâtre d'un déraillement de trains, de l'effondrement d'une mine ou d'un écrasement d'avion. Partout où une tragédie a entraîné la mort de plusieurs personnes, vous aurez de bonnes chances de trouver des fantômes. Si votre ville ou région a des lieux hantés légendaires, cela pourrait être un bon point de départ. Les fantômes ont toujours fait partie du paysage invisible qui nous entoure, et vous serez désormais capable de communiquer avec eux.

Les lieux hantés

Les hôpitaux

Les hôpitaux sont des endroits où la mort survient fréquemment, et la plupart des villes en comptent au moins un. Bien évidemment, vous ne pourriez pas traverser les murs avec votre équipement pour le paranormal dans un hôpital toujours en opération. Mais si un tel édifice est vacant ou qu'il sert à d'autres usages, vous pourrez peut-être y mener une enquête. Il n'est pas nécessaire d'être à l'intérieur d'une propriété hantée pour communiquer avec les fantômes. Si vous vous installez près de leur voisinage, ils vous trouveront.

Les maisons de santé

Très souvent, les personnes qui prennent de l'âge et qui ne sont plus capables de prendre soin d'elles-mêmes vont vivre dans des maisons de santé. Ce type d'établissement s'occupe des gens qui approchent la fin de leur vie. Éventuellement, tous ceux qui sont dans ce genre d'établissement finiront par mourir et entrer dans le monde des esprits. C'est une phase normale et naturelle de la vie, durant laquelle bien des gens attendent la fin en faisant le bilan de leur vie et en se préparant à mourir. Parfois, ceux qui atteignent cette étape qui précède la mort sont lourdement médicamentés. Certaines médications peuvent affecter les facultés de quelqu'un et, parfois, interférer avec le processus naturel consistant à traverser dans l'Au-delà. Encore une fois, ce n'est pas un endroit où l'on peut enquêter pendant qu'il est en opération. Comme pour un hôpital, vous devrez enquêter sur toute maison de santé en opération en vous tenant à une certaine distance des lieux. Recherchez plutôt un bâtiment abandonné qui a déjà servi aux personnes en fin de vie. Une maison de santé ou un hôpital abandonné sera fort probablement l'hôte de fantômes actifs.

Les salons funéraires

Les salons funéraires servent de lieu de rassemblement pour les défunts et les personnes en deuil. Ce genre d'entreprise est toujours actif en raison des nombreuses pertes de vie et des émotions exacerbées que l'on y trouve. On dit que les salons funéraires sont d'excellentes sources de lumière, parce qu'ils abritent tous les morts récents où les esprits sont encore connectés à leur source de lumière. S'ils ont perdu leur propre connexion, les fantômes peuvent utiliser une autre source de lumière spirituelle pour passer de l'Autre côté. Je crois qu'après la mort, la plupart des gens restent derrière pour assister à leurs propres obsèques avant d'entrer dans la lumière. Quand le service est terminé et que la famille rentre à la maison, certains esprits restent derrière par égarement. Voilà pourquoi un salon funéraire pourrait être rempli à craquer de fantômes et d'esprits, quel que soit le jour.

Les cimetières

Il y en a qui disent que les fantômes ne se tiennent pas dans les cimetières parce qu'ils préfèrent des endroits où il y a beaucoup de gens et d'énergie. Néanmoins, je cherche encore un cimetière où je n'aurais pas capté une réaction intelligente sur un PVE. Peu importe que le cimetière soit ancien ou nouveau, actif ou abandonné. Si vous choisissez de mener une enquête paranormale dans un cimetière, je vous en prie, respectez la marche à suivre et soyez respectueux ! Même si ce travail vous enthousiasme, songez que tous ceux que vous y rencontrerez pleurent une perte. Comment vous sentiriez-vous si vous étiez sur la tombe d'un proche décédé récemment et que des hurluberlus arrivaient en courant avec des appareils d'enquête ? Quand je vais dans un cimetière, je le fais très discrètement et dans le but de voir s'il y a des fantômes qui ont besoin d'un passeur. Mon expérience personnelle m'a confirmé qu'il y a beaucoup d'activités dans les cimetières et à proximité des cimetières.

DEHORS GROVER

Une fois, je suis allée dans un cimetière historique avec une équipe d'enquêteurs du paranormal pour voir s'il y avait des fantômes qui avaient besoin d'aide. Après avoir été attirés vers une section réservée aux vétérans de guerre, nous avons commencé à nous sentir hébétés et pris de vertige. Nous avons demandé s'il y avait quelqu'un et s'il avait quelque chose à dire. Nous avons allumé le magnétophone pendant seulement une minute, mais assez longtemps pour savoir que nous avions capté un PVE, car nous sentions fortement l'énergie du fantôme. Quand nous avons fait rejouer l'enregistrement, nous avons entendu une voix rauque d'homme qui disait : « Nous ne voulons pas de Grover ici, bon sang. » Nous étions ravis de découvrir ce PVE, mais nous n'avions aucune idée de ce que cela voulait dire.

Une petite recherche a suffi pour découvrir ce que signifiait « dehors Grover ». Nous avons fait une recherche correspondant à la date de la pierre tombale où nous nous étions arrêtés et avons découvert qu'à cette époque, le président des États-Unis était Grover Cleveland. Il a été le seul président américain à briguer deux mandats non consécutifs. Durant son premier mandat, tout le monde l'aimait. Puis, au cours de son second mandat, le pays a connu d'énormes problèmes économiques et tout le monde lui a tourné le dos, en lançant des invectives du genre : « Dehors Grover ». Si vous aimez l'histoire, vous adorerez certaines choses que les fantômes vous enseignent. Ce fantôme était un vétéran de l'armée qui avait servi fièrement et qui ne pouvait supporter ceux qui s'étaient ligués contre le leader de son pays.

Les écoles

Les écoles sont très souvent hantées. L'école a parfois été un endroit où un enfant a été heureux, et il veut s'attarder après sa mort pour pouvoir jouer avec ses amis. D'autres élèves y retournent par habitude, sans même savoir qu'ils sont décédés. Ceux qui font des études supérieures peuvent y retourner par dévouement à leur éducation et ne pas savoir comment renoncer à leur désir de travailler pour pouvoir embrasser la profession de leur rêve. Les écoles publiques ont tendance à être actives, et il est probable qu'elles attireront n'importe quel fantôme enfant qui peut voir et entende les enfants vivants qui fréquentent son école. Des endroits bondés d'enfants qui jouent peuvent être extrêmement attirants pour les fantômes.

Les théâtres

« Et le spectacle continue » est une expression qui s'applique aux théâtres qui fonctionnent avec une bande d'acteurs vivants, doublée d'une troupe de fantômes. Les théâtres attirent des auditoires de toutes sortes qui désirent voir des spectacles, des pièces, et écouter de la musique. Les théâtres sont parfois hantés par des gens qui sont décédés et qui aimaient aller au théâtre durant leur vie. D'autres fois, les théâtres sont hantés par les acteurs et l'équipe qui ne pouvaient renoncer à la scène après leur mort, parce qu'ils rêvent d'une autre prestation ou d'une autre chance d'être sous les feux de la rampe. Ce type de fantôme pourrait s'appliquer à un cinéma ou à un théâtre à l'ancienne. Les deux types invoquent les mêmes émotions humaines et la même énergie dont les fantômes ont besoin pour subsister.

Les bibliothèques

Les bibliothèques sont des endroits merveilleux pour accéder au monde des esprits. Pensez à tous les livres que les gens emportent chez eux pour ensuite les rendre à la bibliothèque. Pour un livre, c'est facile d'attraper un attachement de fantôme, puis de finir à la bibliothèque. Cela peut aussi fonctionner dans l'autre sens. Parfois, les fantômes aiment la bibliothèque parce qu'elle leur permet d'accéder au public. De nombreux fantômes qui se passionnent pour certains sujets s'attacheront à un livre qui contient une information qui attirera les vivants avec la même sensibilité. Les bibliothèques ont souvent une section pour les recherches où elles conservent des photographies anciennes, des microfilms et des informations historiques sur une ville. Très souvent, cela attirera un fantôme qui est prisonnier du temps et qui ne peut pas renoncer à son histoire pour passer à autre chose.

Les hôtels

Les hôtels en tous genres sont connus pour être des repaires pour le paranormal. Il peut arriver que des clients décèdent à l'hôtel, mais il n'est pas nécessaire qu'il y ait eu un décès pour que l'hôtel soit hanté. Les gens qui voyagent et habitent à l'hôtel viennent avec leurs bagages, à la fois physiques et surnaturels. L'énergie tourne sans arrêt et peut servir de siphon aux activités spectrales. Des tas d'émotions humaines s'y accumulent, et les fantômes peuvent facilement alimenter cet environnement.

Les bâtiments historiques

Les bâtiments historiques de toutes sortes semblent détenir des parties du passé sous forme de résidants fantomatiques. Ces derniers peuvent souvent être ressentis par des gens qui n'ont habituellement pas conscience des fantômes. Ils ne savent peut-être pas ce que c'est, mais ils diront souvent se sentir effrayés, ou totalement chez eux dans cet endroit. L'atmosphère y est souvent très lourde, et on sent des émotions persistantes qui affectent les vivants. Quand vous êtes soudainement dominé par des émotions qui vous semblent irraisonnées, il se peut que vous ressentiez les émotions d'un fantôme. Le fait que vous soyez capable de ressentir les émotions de quelqu'un d'autre signifie que vous êtes empathique. Une personne empathique pensera souvent éprouver une chose qu'elle a en fait absorbée d'un de ses proches — cela pourrait venir d'un vivant ou d'un mort. C'est pourquoi il est important qu'une personne empathique protège son énergie et purifie régulièrement son champ énergétique. Nous verrons les techniques de protection en détail au chapitre 13.

Les bars

Il va sans dire que les bars sont remplis de l'énergie des esprits et que ce sont d'excellents endroits pour mener des enquêtes paranormales. Un fantôme retourne parfois dans un lieu où il a passé beaucoup de temps de son vivant. Le siège confortable au bout du bar, où il retrouvait des amis tous les soirs après le travail, peut avoir un tel impact, qu'il y retournera après sa mort. Pour plusieurs, le bar aura été le seul endroit où ils auront eu le sentiment de faire partie d'une famille ou d'un groupe. Ils aiment que le bar se remplisse de gens chaque soir, et ils en profitent parfois pour influencer les vivants qui sont devenus de bons candidats pour les attachements. Une personne qui consomme de l'alcool perd souvent la capacité de se protéger des entités. Elle devient un terrain de jeu pour le surnaturel, et les esprits sont attirés vers elle comme des aimants. Je ne dis pas que vous devriez vous tenir loin des bars. J'aime rencontrer des amis pour boire un verre, et les bars sont parfaits pour socialiser. Ce que je dis, c'est que vous devriez porter attention à ce que vous ressentez et vous assurer de purger votre énergie avant de rentrer chez vous. Je vais vous enseigner comment vous y prendre au chapitre 13.

Les asiles d'aliénés

La majorité des asiles d'aliénés ont été fermés dans les années 1970 en raison des horribles conditions qui y prévalaient. Dans la plupart de ces établissements, le personnel était insuffisant, et ils étaient remplis à craquer de gens atteints de maladie mentale. Si vous décidez d'enquêter dans un ancien asile d'aliénés, préparez-vous à rencontrer des fantômes qui semblent encore mentalement dérangés, ainsi que de nombreuses entités noires. La plupart des gens qui sont atteints de maladie mentale deviennent d'excellents hôtes pour les entités noires, et les deux apparaissent souvent ensemble. Vous devrez marcher sur des œufs si vous menez une enquête dans ce type d'établissement. Certains asiles d'aliénés sont toujours vides et abandonnés, alors que d'autres ont été transformés en maisons de santé ou en d'autres types d'établissements gérés par l'État. Je connais un édifice qui a servi pour l'un et l'autre et qui est aujourd'hui un hôtel !

LES CLANDESTINS

Un jour, ma fille et moi avons mené une enquête impromptue sur l'emplacement d'un vieil asile d'aliénés. La structure d'origine avait été démolie et remplacée par un immeuble neuf qui hébergeait des personnes âgées. Nous avons décidé de rester discrètes et de mener notre enquête sur le terrain derrière l'établissement. Plusieurs dépendances d'origine, utilisées jadis pour engranger la nourriture, étaient toujours debout. Cela avait déjà servi de ferme qui fournissait les repas aux résidants. Je ne pouvais effacer l'image intuitive que j'avais du personnel habillé en blanc s'affairant sur le terrain. Nous avons été inexplicablement attirées dans un espace couvert de grands arbres. Dès l'entrée, ma fille a commencé à sentir une pression sur sa tête et des picotements dans tout son corps. Elle m'a dit qu'elle était étourdie et m'a demandé comment je me sentais. Tout ce que je voulais, c'était courir et tourner en rond avec les autres. J'avais envie de tournoyer les bras tendus. Nous avons ri en comparant les différences entre nos expériences. Le fantôme avec lequel elle était entrée en contact était définitivement amorti par une lourde médication, alors que le mien s'envolait plus haut qu'un cerf-volant !

Nous voulions aider les fantômes, mais notre visite a été écourtée par les gens de la sécurité qui avaient repéré notre voiture et attendaient notre retour. En fait, ils ont été très gentils et nous ont fourni des renseignements historiques sur la propriété. C'était leur travail d'assurer la sécurité des lieux afin de veiller à ce que personne ne se blesse dans les anciennes dépendances. Nous comprenions bien leur point de vue et sommes reparties aussi vite. En arrivant devant la maison, ma fille m'a rappelé que nous n'avions pas purifié notre énergie. Oups ! C'est à ce moment-là que nous avons réalisé que notre voiture était remplie d'innombrables clandestins provenant de l'institution. Leurs expressions reflétaient les lourdes drogues qu'on leur avait administrées de leur vivant, ce qui leur donnait un air tordu, mais leur comportement était enfantin et fou. Nous les avons laissés sortir dans le parterre, en leur disant qu'ils avaient quelques heures pour courir dans tous les sens avant que nous ne revenions les voir. Tout l'après-midi, nous avons été affectées par leur énergie et j'avais toujours envie de tourner en rond. Le moment venu, nous avons fait passer tous les fantômes dans la lumière, et le parterre a retrouvé son état naturel. C'était une expérience extraordinaire et j'en ris encore quand j'y repense.

Les épiceries

Les épiceries sont souvent des lieux où les fantômes aiment se tenir. De nombreuses personnes vivantes s'y rendent chaque jour. Bien des fantômes retournaient quotidiennement à l'épicerie pour faire leurs courses de leur vivant ; il se peut même qu'ils aiment revoir les visages amicaux qui avaient l'habitude de les saluer.

La meilleure façon de déterminer si un fantôme vous suit dans le magasin, c'est de garder l'œil ouvert. J'ai littéralement vu des objets tomber des étagères et former un arc dans l'air quand un fantôme ou un esprit était présent. J'ai même eu des proches décédés qui venaient faire les courses avec moi afin d'attirer mon attention.

JOYEUX ANNIVERSAIRE, GRAND-PAPA !

Récemment, j'étais à l'épicerie pour acheter de quoi dîner, quand j'ai reçu la visite d'un être cher. Alors que je me dirigeais tout droit vers la section des fruits et légumes, j'ai remarqué que mon énergie semblait décupler tandis je dépassais les autres clients. Il y avait des gens avec leurs paniers, arrêtés devant l'étal des légumes qu'ils pressaient et humaient pour en vérifier la fraîcheur. Comme je m'approchais, une vieille dame a mis quelque chose dans son panier et s'est retournée pour s'en aller. Je ne sais pas pourquoi, mais j'ai regardé la femme et j'ai vu une tête de laitue sauter de l'étal et rouler devant son chariot. La femme était légèrement embarrassée lorsqu'elle a ramassé la laitue et l'a replacée sur l'étal. Elle n'était pas assez près de l'étal des légumes pour l'avoir accrochée. Elle avait vu que je la regardais et j'ai dit : « On dirait bien une sauterelle. » Elle a ri en hochant la tête, puis elle est repartie dans l'autre direction.

Quelques minutes plus tard, j'ai vu la même scène se produire avec une jeune femme qui se tenait à environ trois mètres de la première. Cette fois, un sac de carottes a sauté de l'étal et s'est retrouvé à ses pieds. Sachant qu'elle m'avait entendue la première fois, j'ai répété mon commentaire : « On dirait bien une sauterelle. » Elle avait l'air perplexe en ramassant le sac de carottes et en le replaçant sur l'étal. Ignorant qui cherchait à se faire remarquer, j'ai pensé que je ferais mieux de sortir de la section des produits frais jusqu'à ce que ces femmes soient parties.

En rentrant à la maison, j'ai appelé ma sœur et lui ai raconté ce qui venait de se passer. Je lui ai dit que je n'avais pas essayé de voir qui c'était, mais je savais que c'était quelqu'un pour moi. Elle a répondu : « On dirait grand-papa. » Et, juste comme elle prononçait ces mots, une grosse banderole « joyeux anniversaire » s'est détachée du mur et a frôlé mes cheveux en tombant. Grâce à cette mention, nous avons tout de suite su de quel grand-père il s'agissait, car c'était le jour de son anniversaire.

Les esprits aiment qu'on pense à eux certains jours particuliers. L'esprit de mon grand-père avait été capable d'utiliser la nourriture pour attirer mon attention à l'épicerie. Après cette expérience, je savais qu'il fallait que je sois attentive pour découvrir qui était près de moi. Nous avions célébré d'autres anniversaires dans la famille durant le mois, et toutes nos décorations étaient toujours en place. C'était très facile pour grand-papa de faire tomber la banderole accrochée au mur afin de me signifier sa présence.

La douche

Bien des gens reçoivent des visites du monde des esprits pendant qu'ils sont sous la douche. En fait, c'est très normal, et plusieurs facteurs contribuent à ce phénomène. Premièrement, vous êtes enfermé dans un espace minuscule ayant à peu près la taille de ce que les spiritualistes utilisent comme cabinet pour les médiums. L'énergie a tendance à s'accumuler dans un petit espace, ce qui facilite la communication avec les esprits. Deuxièmement, l'eau étant un conducteur d'énergie, cela aide à combler énergétiquement l'espace entre les dimensions physique et spirituelle. Troisièmement, chaque fois que vous faites une chose à répétition, votre cerveau glisse naturellement dans une onde cérébrale thêta plus lente. La plupart des gens n'ont pas besoin de réfléchir à la manière de laver leurs cheveux ou de se raser les jambes ; ils accomplissent ces tâches de façon automatique en laissant errer leurs pensées. Cet état mental est celui dans lequel nous sommes le plus réceptifs aux messages du monde des esprits. Je reçois souvent la visite de proches décédés lorsque je suis dans la douche. Je reçois aussi parfois la visite d'esprits que je ne connais pas et qui veulent me confier un message pour des proches vivants que je connais. Il n'y a rien de déplacé à recevoir une visite dans la douche. Pour les esprits, ce sont probablement les circonstances idéales pour entrer en contact avec nous.

UN ESPRIT DANS LA DOUCHE

Je me suis connectée au père d'un ami, qui venait de mourir, pour savoir s'il avait un message pour son fils, avec qui j'avais rendez-vous plus tard ce jour-là. J'ai écrit tout ce qu'il m'avait dit. Au moment d'entrer dans la douche, j'ai mentalement dit « merci » à son père, et lui ai demandé de me laisser savoir s'il souhaitait dire autre chose à son fils.

Quelques minutes plus tard, j'étais en train de me raser les jambes quand j'ai littéralement vu une énergie remuer dans la douche avec moi. L'énergie a tournoyé près de ma tête, puis j'ai entendu le mot « syndicat ». J'étais embêtée : qu'est-ce que cela voulait dire ? Puis j'ai entendu une deuxième fois « syndicat ». Je connaissais le mot, mais j'ignorais ce qu'il signifiait. Je me suis dit que je ferais une recherche sur l'ordinateur en sortant de la douche. J'avais encore la tête qui tournait à force de me demander ce qui avait besoin d'être syndiqué. Immédiatement, j'ai vu dans mon œil mental ce qui m'est apparu comme le logo d'un réseau. C'était une image en forme de triangle, avec une pointe longue et étroite, et des cercles qui sortaient de l'extrémité de la pointe. Au moment où je me demandais ce que pouvait être cette image, j'ai entendu le mot « réseau ». Ok, ai-je pensé, je crois que j'ai compris. Même si je n'étais pas sûre de ce qu'on voulait dire par « syndiquer un réseau », je savais que c'était un message pour mon ami.

Plus tard le même soir, j'ai entendu mon ami dire à quelqu'un qu'il voulait syndiquer son réseau. Je ne lui avais pas encore raconté ce qui m'était arrivé plus tôt dans la journée. J'étais étonnée et je savais en mon for intérieur que son père m'avait rendu visite et qu'il voulait que je lui transmette ce message. Je crois que son père validait un projet sur lequel son fils travaillait à ce moment-là, afin de lui montrer qu'il était encore dans les parages. Il avait pensé que c'était une bonne idée et voulait encourager son fils à franchir la prochaine étape importante dans sa carrière.

Les enfants et les animaux

Les fantômes d'enfants

Les fantômes d'enfants peuvent être un sujet très délicat. Qui veut croire que Dieu laisserait un enfant prisonnier de son fantôme ? Cela nous donne une meilleure perspective du fonctionnement du monde des esprits. Et si Dieu n'était pas cette figure parentale omnipotente que les religions ont voulu faire de lui ? Et si le Créateur de tout ce qui existe était complètement impartial et offrait à chaque âme la même chance de faire ses propres choix ? À quel âge serions-nous apte à choisir la lumière ou à s'en détourner ? Les années chronologiques ajoutent-elles de la profondeur à l'âme d'un enfant ?

Personnellement, je n'ai jamais rencontré un fantôme de moins de 4 ou 5 ans. Bien que j'aie déjà entendu le faible écho des pleurs d'un bébé, c'était une empreinte fantomatique résiduelle plutôt qu'un fantôme réel. Les bébés ne sont pas infiltrés par la peur, le regret ou la rancœur, leur lumière est donc la plus forte sur la planète. Quand un nourrisson ou un bambin meurt, il est réabsorbé directement dans la lumière. Il peut être accompagné d'anges gardiens qui se spécialisent dans la transition de ces précieuses petites âmes.

Bien que cette pensée terrifie la plupart des gens, certaines religions croient que la faute originelle peut condamner à l'enfer même un fœtus. Avec tout mon respect pour les différentes religions et différents systèmes de croyances, ma conviction est tout autre. Je crois que nous portons dans notre ADN la faute originelle de nos ancêtres.

Conséquemment, les problèmes non résolus de la mère et du père affectent un enfant à naître. Toutefois, même si un fœtus absorbe la haine et la peur de ses parents en grandissant, il a toujours une solide connexion au Créateur. Si le bébé vibre à une fréquence assez élevée, il devrait être capable d'entrer dans la lumière à l'instant de sa mort, sans le moindre doute.

Les anges et les saints pour les bébés

Lorsque vous sollicitez l'aide du monde des esprits, vous pouvez emprunter les maîtres ascensionnés de n'importe quelle religion. Ils ont tous leurs spécialités et ne sont pas confinés à un système de croyances en particulier.

Saint Gérard Majella est le saint patron des mères de famille et des femmes enceintes. Saint Gérard avait la capacité mystique de léviter et le don d'ubiquité. On le prie souvent durant une grossesse difficile et il est considéré comme le saint patron de la maternité.

Gabriel est l'ange de l'annonciation et de la résurrection. Gabriel est connu comme le messager de Dieu et il aidera les personnes qui souhaitent travailler avec les enfants. Il est connu pour apporter son aide dans tous les aspects du rôle parental, ainsi que dans la conception, l'adoption et l'accouchement.

Temeluch est l'ange responsable de la grossesse ; il assiste Gabriel dans la constitution des fœtus dans l'utérus. Il veille sur les nouveau-nés et les enfants. Temeluch est un ange gardien qui veille sur l'accouchement et sur les tout-petits, qu'il protège des entités noires.

Chacun a ses propres anges gardiens qui lui sont assignés au moment de la conception. Il n'y a pas de limites au nombre d'anges que vous pouvez invoquer. Chaque fois que vous demandez l'aide d'un ange, un autre se joint à votre équipe d'aides spirituels. Votre équipe angélique grandit tout au long de votre vie. Il faut toutefois leur demander leur aide, car ils ne peuvent intervenir sans cela. Cette énergie angélique peut nous aider à vibrer dans l'amour, ce qui nous permet de pardonner plus facilement et de guérir plus vite. S'il vous arrive de rencontrer le fantôme d'un bébé ou d'un jeune enfant, n'hésitez pas à solliciter l'aide de l'un de ces défenseurs spirituels des enfants.

Les fausses couches

Bien que je n'aie jamais rencontré le fantôme d'un bébé, j'ai croisé des esprits de bébés qui n'ont pas été menés à terme et qui ont choisi de rester aux côtés de leur mère. Lorsque je sonde intuitivement un corps, je peux souvent voir si la mère a perdu un bébé. La lumière spirituelle de celui-ci a tendance à rester tout près de la mère et à tourner autour de la partie inférieure de son corps.

LES BÉBÉS GUIDES

Je travaillais dans une exposition holistique quand une femme âgée s'est assise près de moi et m'a demandé une mini séance de guérison. Prenant ses mains dans les miennes, je suis montée me connecter à la lumière. Pendant que je sondais son corps, j'ai pris conscience qu'il y avait deux petites lumières qui brillaient à côté de la partie supérieure de ses cuisses. Immédiatement, j'ai senti que c'étaient de petits enfants. Elle m'a confirmé qu'elle avait perdu deux bébés dans des fausses couches, mais que cela faisait très longtemps. Je l'ai informée que ses bébés étaient encore avec elle en esprit.

Lorsque je me suis connectée à l'énergie des bébés, on m'a dit qu'ils avaient eu besoin d'un moyen pour arriver ici (sur la planète terre), mais qu'ils n'avaient pas besoin d'un corps physique pour accomplir ce qu'ils étaient venus accomplir. Leur aide devait toujours venir du monde des esprits, et ils étaient venus pour être les guides de leur maman. Il m'arrive encore d'être surprise quand j'entends de telles choses, mais cela résonnait de vérité. J'ai transmis le message à cette femme, qui s'est mise à pleurer. Cela faisait des décennies qu'elle portait ce chagrin en elle, et elle n'avait jamais pu tomber enceinte de nouveau. Ce fut apaisant et magique, pour elle, de constater que Dieu ne l'avait pas punie et qu'elle était aimée et guidée tout ce temps par ses bébés en esprit.

Les bébés avortés

J'ai aussi vu l'énergie de bébés avortés restés auprès de leur mère, mais leur énergie n'est pas paisible comme celle des esprits des bébés résultant d'une fausse couche. Je ne porte pas de jugement, ce n'est qu'une observation sur ce que j'ai vu. Dans le cas de l'avortement, quelqu'un a fait le choix de mettre un terme à la grossesse. Peu importe si la mère a été obligée de prendre cette décision ou si elle l'a fait de son propre chef. L'énergie en cause est que le bébé n'était pas désiré, et cela crée une blessure spirituelle. Les hommes comme les femmes sont affectés spirituellement et énergétiquement par ce choix. Si vous pensez à un bébé qui est désiré, l'énergie est amour, anticipation et excitation. Ces émotions aux vibrations élevées affectent énergétiquement l'ADN du fœtus et influent sur la vie et la santé de l'enfant. Mais dans le cas contraire, où le bébé n'est pas désiré, ces émotions affectent également l'âme du bébé.

La bonne nouvelle, c'est qu'il y a une guérison spéciale que vous pouvez faire pour aider les bébés avortés en leur envoyant l'amour qu'ils n'ont pas reçu. J'ai pris conscience de ce problème pendant que je travaillais dans les dimensions spirituelles. Plusieurs de mes clientes m'ont avoué avoir été affectées spirituellement par ce choix, parfois des décennies après. Les bienfaits apaisants de cette technique font aussi une différence chez les vivants. Tous ceux qui sont connectés à l'ADN du fœtus recevront une guérison spirituelle lorsque vous l'appliquerez.

Très souvent, le bébé avorté reste auprès de sa mère jusqu'à ce qu'elle conçoive de nouveau. Bien que le père soit affecté à un niveau spirituel, j'ai seulement vu le bébé suivre sa mère pour tenter d'entrer de nouveau par le truchement d'une autre grossesse. Il est tout à fait possible que l'esprit du bébé non guéri suive les deux parents, mais je n'ai jamais été témoin de ce phénomène. Si l'esprit du bébé avorté n'est pas guéri, le déséquilibre peut causer un trouble émotionnel ou une maladie chez le nouveau bébé. Il n'est jamais trop tard pour effectuer cette guérison et créer une harmonie spirituelle. Si vos enfants sont déjà grands, mais que vous suspectez qu'ils sont affectés par ce déséquilibre spirituel, vous pouvez effectuer cette guérison pour eux.

Les gens me demandent tout le temps si les bébés fantômes existent, et c'est ce que j'ai vu qui s'en rapproche le plus. Le bébé ne hante pas un endroit et n'apparaît même pas comme le ferait un bébé physique. C'est davantage une masse d'énergie sombre et maladive qui rôde autour des parents jusqu'à ce qu'elle puisse naître dans un nouveau corps ou guérir à force d'amour.

Cette guérison peut aussi servir pour tous ceux qui souffrent de ne pas se sentir désirés ou aimés par leur mère. On répète souvent qu'il n'y a pas plus grand amour que celui d'une mère, et cela est peut-être dû à la connexion énergétique qui se crée pendant que le bébé est dans l'utérus. Dans un sens, le corps de votre mère vous a créé et hébergé en tant que fœtus. En fait, se sentir non désiré et non aimé par sa mère peut donner l'impression de ne pas avoir été désiré et aimé par son Créateur. Les blessures que nous héritons de notre père sont différentes, mais ce n'est pas mon propos ici. Néanmoins, cette guérison peut aider à rétablir tous les déséquilibres qui vous ont affecté pendant que vous vous développiez comme fœtus. Nombreux sont ceux qui n'ont tout simplement pas reçu l'amour maternel dont ils avaient besoin, et cette guérison restaure l'équilibre.

Guérir un bébé non désiré

Vous pouvez effectuer cette guérison sur vous-même et sur vos enfants sans leur en demander la permission. Si vous le faites pour quelqu'un d'autre, vous devrez obtenir son consentement verbal. Cette guérison s'accomplit en se connectant au Créateur dans l'onde cérébrale thêta. Quand vous serez connecté à la lumière au plus haut niveau mental, dites :

> *Créateur, je t'ordonne d'envoyer un amour inconditionnel à ce bébé, de rétablir les déséquilibres qui ont été créés et de guérir toutes les blessures de toutes les personnes impliquées, de la meilleure manière et pour le plus grand bien de tous. Merci.*

Quand vous verrez cette guérison, vous aurez besoin de visualiser un bébé physique en santé dans l'utérus de la mère. Vous pourriez voir une énergie obscure sortir à la fois du bébé et de l'utérus. Cela peut se produire très rapidement ou prendre quelque temps. Il suffit d'être patient et de vérifier que l'entité noire est remplacée par la lumière. Ensuite, voyez l'amour inconditionnel du Créateur remplir l'utérus de la mère et chaque cellule du fœtus, jusqu'à ce qu'il soit très brillant. Vous saurez que cette guérison est accomplie parce que vous le sentirez. Même si cette guérison est assez simple, elle est extrêmement puissante et fera une différence immédiate pour les vivants comme pour les morts.

Les animaux fantômes

Croyez-le ou non, les animaux fantômes sont assez courants. Je pense simplement qu'il est possible qu'ils soient restés auprès de leur maître ou maîtresse si ceux-ci sont morts avant eux. Les animaux de compagnie peuvent être si incroyablement fidèles aux humains qui ont pris soin d'eux, que leurs liens demeurent jusqu'après leur mort. Si vous rencontrez un animal fantôme, essayez de voir si son maître est un fantôme qui réside toujours ici. Je ne crois pas que les fantômes des animaux ont besoin qu'on les aide à traverser. Je crois qu'ils traverseront automatiquement quand leur maître le fera. La majorité de nos expériences en termes d'apparitions d'animaux sont en fait des esprits animaux qui nous observent, mais ils ne sont pas prisonniers ici-bas.

TIGER

Quand nous avons déménagé dans notre vieille maison victorienne et que nous avons commencé à la rénover, nous avons vu le fantôme d'un chat pour la première fois. Comme nous avions un chat, notre première réaction a été de penser que le chat fantôme était notre chat. C'était durant la nuit et nous dormions, mon mari et moi. Quelque chose nous a réveillés et j'ai aperçu un chat à côté du lit. Pensant qu'il s'agissait de notre chat, j'ai étiré le bras pour le caresser, mais il s'est enfui et je l'ai vu disparaître dans le mur. Je me suis redressée et j'ai regardé autour de moi. Mes yeux m'avaient-ils joué un tour ? Notre chat n'était même pas dans la chambre. La deuxième fois que cela s'est produit, mon mari a vu le chat couché par terre, de son côté du lit. Il a allongé le bras pour le caresser et sa main est passée à travers le chat, qui s'est évaporé.

Deux semaines plus tard, je me suis réveillée et j'ai vu le chat assis sur le lit, à côté de mon oreiller.

De toute évidence, ce n'était pas notre chat ! Il avait le corps très musclé, en plus d'être complètement noir. Le nôtre est un chat tigré roux avec un plus petit gabarit que celui que j'avais aperçu. Il se tenait là, hautain, et me fixait du regard. Comme il était à moins de 30 centimètres de mon visage, je le voyais très bien. J'ai cligné des yeux à quelques reprises pour m'assurer que je voyais bien ce que je croyais voir, et son image est restée aussi claire que s'il s'agissait d'un chat vivant. Il me regardait en se pourléchant les babines, comme s'il venait de terminer sa toilette. J'ai su à ce moment-là que c'était un chat mâle et qu'il s'appelait Tiger. Drôle de nom, ai-je pensé, car je n'avais vu aucune rayure sur son pelage. L'image de ce chat a duré plus longtemps que toutes les autres apparitions que j'avais vues dans le passé. J'ai continué à le regarder, incrédule, reconnaissante qu'il n'ait pas disparu de ma vue. Puis, l'image a commencé à s'estomper lentement et il s'est évaporé.

Pour une raison ou une autre, Tiger voulait nous signifier sa présence et semblait savoir exactement comment attirer notre attention. Peut-être voulait-il seulement qu'on le remarque, ou peut-être avait-il besoin de voir qui étaient les nouveaux habitants de sa maison. Avant cela, nous avions remarqué une odeur de chat ici et là, et avant que nous ayons pu traiter l'espace pour en chasser les effluves, la senteur avait disparu. Nous nous étions souvent demandé si les propriétaires précédents avaient un

> chat, mais nous n'avions jamais pensé qu'il pouvait s'agir d'un chat fantôme qui nous envoyait de petits signes de sa présence.
>
> Nous avions remarqué que notre chat fixait l'air et partait à courir après quelque chose d'invisible. Peut-être est-il conscient de la présence du chat fantôme et l'a-t-il accepté comme ami invisible. Peu de temps après notre expérience, nous avons adopté un chaton noir qui avait besoin d'un foyer. Il se peut que Tiger nous ait communiqué cette idée en me transmettant son nom télépathiquement. Normalement, la présence de Tiger se fait sentir au rez-de-chaussée, mais nous l'avons aussi vu errer à l'étage. L'apparition soudaine de son corps flou croisant nos pas a failli faire trébucher mon mari plus d'une fois. Lorsqu'il devient visible, nos deux chats « réels » sont normalement en train de dormir sur le sofa dans l'autre pièce. À l'occasion, nous pouvons aussi apercevoir Tiger du coin de l'œil.

Bien des gens rencontrent leurs animaux domestiques en esprit après la mort de ceux-ci. En fait, il est assez fréquent que les animaux que nous aimons restent près de nous et continuent à aimer leur famille dans le monde des esprits. Dans le cas de Tiger, il n'avait pas été notre compagnon dans cette vie, mais nous lui avons fait une place dans notre cœur et dans la famille. Lorsque l'on nous demande combien de chats nous avons, nous répondons trois : un tigré roux, un petit chat noir et un chat fantôme qui s'appelle Tiger.

La conscience de mort imminente

De nombreuses personnes atteintes d'une maladie en phase terminale connaissent ce que nous appelons désormais la conscience de mort imminente (CMI). Vous êtes nombreux à savoir ce qu'est l'expérience de mort imminente (EMI), dans laquelle une personne sur le point de rendre l'âme passe dans l'Au-delà, puis revient. La CMI est différente parce que la personne se prépare à abandonner son corps pour de bon.

De nombreuses personnes à l'article de la mort voient les esprits de leurs êtres chers. Elles peuvent regarder au loin ou fixer un mur sans raison apparente. Les vivants ne peuvent généralement pas voir le monde des esprits, on peut donc supposer que cette personne que nous aimons perd la tête. Pourtant, ce qu'elle voit est réel et fait naturellement partie de l'agonie. Ces gens disent souvent qu'ils doivent aller quelque part et sentent qu'ils partent pour un genre de voyage. Si vous leur permettez de vous dire ce qu'ils voient, ils seront capables de partager ce moment sacré avec vous. Ils pourraient vous parler de certains proches en esprit venus les accueillir, ou ils peuvent être entourés par tous leurs ancêtres en esprit, même s'ils ne les ont jamais connus de leur vivant.

Pour chacun, l'expérience de passage sera différente des autres. Ne déduisez pas que votre proche délire parce qu'il dit des choses bizarres ou semble radoter. Bien qu'il puisse vous sembler incohérent, il se passe beaucoup de choses en lui. Une partie de sa personne se focalise sur la prochaine phase de sa vie, tandis que d'autres parties commencent à lâcher prise. Mieux vaut vous asseoir près de lui et le soutenir tout au long de ce processus.

Bien des gens attendent qu'une occasion se présente avant de lâcher prise. Ce peut être l'arrivée d'un petit-fils, le mariage d'un fils ou d'une fille, ou bien la visite de quelqu'un qui vient d'ailleurs. J'ai fini par croire que nous choisissons quand mourir et que notre départ suit un ordre, en quelque sorte, même lorsque la mort semble prématurée ou tragique. Nous avons plusieurs occasions de traverser dans l'Au-delà, et notre âme a le choix de celle que nous déciderons de saisir.

J'ai fait du bénévolat dans un hôpital et cela m'a permis de travailler avec des gens qui font personnellement l'expérience de la conscience de mort imminente. Je suis parfois capable de voir des proches en esprit au chevet de mon client en attendant qu'il décède. Je me sers de ma capacité à communiquer avec le monde des esprits pour effectuer une analyse spirituelle pour mon client. Je découvre parfois qu'il a des choses à régler avant de partir. D'autres fois, mon client ne sait tout simplement pas comment renoncer à la vie.

Quand un individu arrive à cette étape de sa vie, il passe souvent du temps en dehors de son corps en tant qu'esprit. Il peut voyager pour rendre visite à ceux qu'il aime, puis réintégrer son corps sans que personne ne le sache. Un esprit vivant peut se présenter comme une apparition avant sa mort. Avec les techniques que vous avez apprises dans ce livre, vous serez capable de communiquer avec ces personnes des deux côtés du voile.

Les causes environnementales des fantômes

Le monoxyde de carbone

Une fuite de monoxyde de carbone dans une maison ou un édifice peut être la cause d'une apparition. Les symptômes d'intoxication au monoxyde de carbone peuvent inclure : maux de tête, étourdissements, nausées, symptômes semblables à ceux de la grippe, fatigue, dépression, souffle court, confusion et hallucinations. Bien des gens utilisent le monoxyde de carbone pour expliquer le fait qu'ils voient des fantômes, en prétendant avoir des hallucinations. Plusieurs symptômes d'intoxication au monoxyde de carbone sont similaires aux sensations que procure la présence d'un fantôme. Le monoxyde de carbone est très dangereux et il faut vite vérifier s'il y a une fuite, si vous pensez qu'il peut être la cause de vos symptômes. Si c'est le cas, il faudra réparer la fuite immédiatement ! Si vous êtes un enquêteur du paranormal, cela ne peut pas faire de mal d'ajouter un détecteur de monoxyde de carbone à votre équipement. Le monoxyde de carbone est un gaz incolore, inodore et insipide, connu comme le « tueur silencieux ». Les fuites de monoxyde de carbone sont assez fréquentes, et les gens n'en prennent souvent pas conscience, à moins qu'elles ne provoquent de la somnolence ou même la mort.

C'est une excellente idée de vérifier les éventuelles fuites de monoxyde de carbone dans la maison si vous en suspectez la présence. Mais si vous avez écarté l'intoxication au monoxyde de carbone, vous devriez peut-être envisager la présence d'un fantôme. S'il y a bel et bien une fuite de monoxyde de carbone, cela ne règle pas complètement la question de la présence éventuelle d'un fantôme. L'intoxication au monoxyde de carbone est tellement mortelle qu'elle pourrait nécessiter l'aide du monde des esprits pour vous mettre en garde, en particulier si vous avez des esprits protecteurs ou des fantômes à la maison.

Voici quelques sources possibles d'intoxication au monoxyde de carbone :

- Les chauffe-eau au gaz
- Les radiateurs au kérosène
- Les radiateurs au propane
- Les cuisinières au propane
- Les réchauds à charbon de bois
- Les génératrices au gaz ou au diesel
- La fumée de cigarette
- Les bateaux (toute embarcation à moteur)
- La peinture en vaporisateur, les solvants, les dégraisseurs et les décapants
- Monter à l'arrière d'un camion fermé

Les fréquences électromagnétiques (FEM)

S'il y a un taux élevé de FEM à votre domicile, cela pourrait indiquer la présence de fantômes. Lorsqu'un fantôme se manifeste, il peut créer une pointe sur un compteur de fréquences, ce qui indique qu'un fantôme dégage une FEM. Certaines maisons semblent présenter des lectures élevées de FEM en tout temps, que l'on soit ou non conscient d'une présence fantomatique. En fait, les fantômes ont besoin d'énergie pour communiquer avec les vivants ; donc, un espace à hautes fréquences sera attirant pour un fantôme dont l'énergie est faible. Une FEM élevée peut effectivement charger l'énergie d'un fantôme, ce qui facilite la communication. Les endroits à FEM élevées ont tendance à receler des tas d'activités surnaturelles inexpliquées. On ne sait pas trop bien ce qui vient en premier, l'œuf ou la poule, mais les fantômes et les FEM élevées semblent aller de pair.

En règle générale, la lecture des FEM sera élevée autour des appareils électroniques, des téléphones cellulaires, du wi-fi et des circuits électriques dans la maison. Cependant, si la lecture des FEM est naturellement élevée chez vous, vous voudrez remédier à la situation pour en retirer des bienfaits durables sur la santé. Même si les FEM élevées nous aident à communiquer avec les morts, une exposition de longue durée peut causer bien des problèmes de santé chez les vivants. Voici certains effets associés aux hautes fréquences électromagnétiques dans la maison : tumeurs au cerveau, leucémie, défauts à la naissance, fausses couches, fatigue chronique, maux de tête, cataractes, problèmes cardiaques, stress, nausées, douleurs de poitrine, mémoire défaillante et cancer.

Les fantômes que l'on crée

Les tulpas

Un tulpa est une forme pensée d'énergie mentale. Le mot *tulpa* vient du mysticisme tibétain et décrit une entité créée entièrement dans la tête d'une personne. Un tulpa est une chose dont on ne parle pas très souvent dans le domaine du paranormal. En fait, cela suggère qu'un lieu peut être hanté par la seule conviction qu'il l'est. Un enquêteur du paranormal ne verra pas nécessairement la différence, parce que la preuve sera la même que dans n'importe quel lieu hanté, la différence étant que l'agent de l'apparition n'est pas une personne décédée, mais la croyance en une présence fantomatique. Comprenez-moi bien – un tulpa est réel. S'il y a assez de gens qui croient à la présence d'un fantôme en un lieu donné, leurs pensées créeront bel et bien un tulpa. Dans ce cas, il n'y a pas d'âme à guérir ou à aider à traverser, et vous devrez dissiper cette énergie afin de purifier l'endroit.

La physique quantique pourrait aider à expliquer ce phénomène. À l'heure actuelle, les scientifiques découvrent que nos pensées ont une substance réelle et que nos pensées seules peuvent entraîner des changements physiques dans notre corps et notre environnement. La force de nos convictions peut être responsable du fait que des personnes sont affectées par une malédiction générationnelle ; elle peut aussi expliquer les guérisons miraculeuses. Le tulpa disparaîtra lorsque les gens qui y croient auront changé leur façon de penser et auront cessé d'y croire.

Si vous suspectez que vous pourriez être affecté par ce type de fantôme, retirez votre énergie de celui-ci. Cessez d'en parler et ignorez les choses auxquelles vous le croyez relié. Une purge à la sauge serait également utile (voir chapitre 13). Quand vous aurez procédé à la purification des lieux, dites à tous ceux qui sont conscients de la présence du fantôme que le problème est réglé. C'est ainsi que leurs pensées collectives concernant ce fantôme peuvent aussi être libérées.

Les poltergeists ou esprits frappeurs

S'il y a un adolescent dans la maison, il se peut que vous confondiez une énergie de poltergeist avec un fantôme. Il se peut qu'une personne tendue ou en proie à un stress émotionnel crée une activité d'esprit frappeur. D'habitude, on associe ce phénomène aux adolescents ou préadolescents qui arrivent à la puberté et qui peuvent posséder certains dons psychiques.

Dans *Harper's Encyclopedia of Mystical and Paranormal Experience,* l'auteure Rosemary Ellen Guiley décrit un poltergeist comme :

> « Un esprit, habituellement malicieux et occasionnellement malveillant, qui manifeste sa présence en faisant du bruit, en déplaçant des objets et en assaillant les gens et les animaux. Le terme « poltergeist » vient de l'allemand *poltern,* signifiant « frapper », et *geist,* signifiant « esprit ». Certains cas d'esprits frappeurs demeurent inexpliqués et peuvent impliquer des esprits réels. Dans d'autres cas, le phénomène peut découler d'une psychokinésie inconsciente (PI) de la part d'un individu. »

Si l'enquête indique qu'aucune entité n'est présente, il faudra informer la famille de la présence possible d'un esprit frappeur. Si cela est dû au stress que vit un enfant ou un adolescent, il vaut mieux lui recommander de consulter ou de trouver un guérisseur qui s'y connaît. La majorité des adolescents ne connaissent pas de façons sûres de soulager leur stress, et ce serait bien qu'ils l'apprennent avant que cela ne leur cause des blessures émotionnelles et physiques. Les sports ou d'autres genres d'activités peuvent aider le corps à relâcher les tensions accumulées. Les passe-temps sont également une bonne façon de canaliser l'énergie en trop. C'est une situation que toute la famille peut contribuer à régler. Assurez-vous que l'adolescent ne craint pas de confier ce qu'il vit aux adultes ou à ses parents. Cela pourrait même l'aider de prendre des cours ou d'en apprendre davantage sur le monde paranormal, de sorte qu'il ne se sente pas déplacé. Le fait de découvrir comment exploiter sa propre énergie le rendra plus fort et pourrait faciliter son passage à la vie adulte à bien des niveaux.

8
Terre hantée et bénie

Il y a dans le monde des endroits reconnus pour leur activité surnaturelle débordante. Certains de ces endroits ont l'énergie d'un vortex et d'autres anomalies qui affectent les lois de la nature. Bon nombre de ces endroits attribuent ces événements inexpliqués à des niveaux plus élevés que la moyenne de certains minéraux dans le sol qui produisent de hauts niveaux magnétiques. D'autres superficies de terre hantées semblent garder le traumatisme d'une tragédie de guerre sur leur propre sol. Il arrive aussi que la terre ait été maudite dans le passé, et que les effets de cette malédiction se fassent toujours sentir aujourd'hui. Puis il y a, partout dans le monde, des lieux miraculeux où se rendent des millions de gens pour y être guéris. Dans ce chapitre, nous explorerons quelques-uns de ces endroits et les raisons qui sous-tendent leur extraordinaire pouvoir.

Les vortex

Un vortex est une énergie tourbillonnante issue des entrailles de la terre et qui peut être détectée par le corps humain. Il y a, disséminés sur la planète, de nombreux points d'énergie bioélectrique que la plupart des animaux évitent. En chassant, les peuplades anciennes ont remarqué que les animaux évitaient ces endroits et tournaient souvent autour, au lieu de les traverser. Pas étonnant que les humains aient suivi leur exemple et commencé à éviter, eux aussi, ces étranges lieux énergétiques. On dit que les chevaux et les chats sont les plus sensibles à l'énergie d'un vortex, même si l'on verra rarement des oiseaux perchés sur des arbres à l'intérieur d'un vortex.

On croit que les vortex sont les jonctions des méridiens, ou lignes énergétiques, qui couvrent la surface de la terre. Certains vortex sont dormants, alors que d'autres sont éveillés ou en voie de s'éveiller. Les disparitions sont des phénomènes inexpliqués qui semblent se produire dans tous les vortex. Certains vortex ont un taux de disparitions plus élevé que les autres. Ils ont tous des lectures magnétiques élevées, et certains sont convaincus que ce sont des portails vers d'autres dimensions.

Si vous cherchez un vortex, il ne sera peut-être pas nécessaire d'aller bien loin. En dehors des vortex très puissants qui sont connus de tous, il y a de nombreux vortex jamais découverts dans la nature environnante. Vous n'aurez besoin que d'une paire de baguettes radiesthésie ou d'une conscience supérieure de votre corps. Certains signes pourraient également vous indiquer des vortex présents dans les arbres qui poussent avec un tronc tordu ou dans les remous où l'eau tourbillonne. Essayez de ne pas imaginer l'énergie du vortex comme étant une énergie positive ou négative. Vous serez capable d'en faire la différence grâce aux sensations qu'elle vous procurera. Toutefois, le vortex auquel vous résonnez pourrait empêcher quelqu'un d'autre d'entrer. Nous résonnons tous à différentes énergies.

Si vous utilisez des baguettes de radiesthésie pour trouver un vortex, il suffit de marcher en tenant les baguettes pointées devant vous et de suivre leur direction jusqu'à ce qu'elles se croisent. C'est un peu différent si vous utilisez votre corps pour trouver un vortex, parce que vous permettrez à l'énergie d'être ressentie par votre corps, comme si vous étiez l'instrument. Parfois, en entrant dans un vortex, vous sentirez une énergie chaude et ample dans votre cœur. D'autres fois, vous aurez une sensation de nausée, ou la tête qui tourne. Les vortex sont des lieux très puissants où vous pouvez prier ou méditer lorsque vous en trouvez un qui résonne avec votre personnalité.

Votre propre maison pourrait contenir un espace de vortex naturel. L'énergie de la terre imprégnera la maison et créera des espaces qui sont plus confortables que d'autres, ainsi que des espaces que les gens auront tendance à éviter. Si vous avez un chat, essayez de voir les coins où il aime se coucher. Les chats sont très sensibles à l'énergie et choisiront souvent de se coucher dans un coin de la maison favorable aux vortex. Il y a certains avantages à découvrir un vortex dans votre demeure. Vous pouvez travailler avec l'énergie existante et la faire croître à l'aide de la prière et du travail de guérison afin de la rendre encore plus efficace. Je fais beaucoup de guérisons dans mon bureau, et c'est devenu le coin préféré de mes deux chats pour se prélasser ! Lorsque vous méditerez dans un vortex, votre concentration sera meilleure, votre vibration plus élevée, votre vision spirituelle plus claire, et vous vous sentirez plus en paix. On peut aussi créer des vortex n'importe où grâce au pouvoir de l'intention et à l'énergie de guérison.

Le Triangle des Bermudes

Le Triangle des Bermudes, également surnommé Triangle du Diable, est un des plus célèbres vortex sur la planète. Il est situé au nord-ouest de l'océan Atlantique, entre Miami en Floride, San Juan à Puerto Rico, et les Bermudes. Une quantité innombrable d'incidents s'y sont produits, impliquant des avions et des vaisseaux, qui auraient mystérieusement disparu. L'une des plus célèbres disparitions dans ce vortex est celle du Vol 19. En 1945, cinq avions torpilleurs Avenger avec 14 hommes d'équipage de la Marine américaine ont disparu après que ceux-ci soient devenus confus et désorientés. Les avions n'ont jamais été retrouvés. Par la suite, on a dépêché deux PBM Mariner pour rescaper les avions en détresse, mais l'un d'eux n'est jamais revenu.

Des gens ont attribué ces disparitions à un phénomène surnaturel ou paranormal. Certains croient qu'un portail menant à une autre dimension existe dans le triangle. Il semble y avoir une perturbation des lois naturelles, à laquelle on attribue souvent les incidents inexpliqués et les ratés des boussoles. Les théoriciens se penchent sur un possible lien avec les OVNI, une interférence des extraterrestres, un voyage dans le temps, ou un tunnel spatiotemporel (une fissure dans l'espace et le temps). Il n'y a pas eu de découvertes concluantes concernant ces anomalies, et ce triangle demeure un mystère.

Le Triangle de l'Alaska

Le Triangle de l'Alaska, également appelé Cimetière du Diable, a un taux de disparitions 16 fois plus élevé que la moyenne nationale. Il est situé entre Anchorage, Juneau et Barrows. La disparition la plus connue a eu lieu en 1972, quand deux membres du Congrès américain et deux autres hommes ont disparu. Ils étaient à bord d'un Cessna 310 qui se rendait d'Anchorage à Juneau, mais on ne les a jamais revus. Une mission de sauvetage et d'importantes recherches ont été menées pendant 39 jours, avant de déclarer forfait.

L'activité surnaturelle y demeure élevée et les scientifiques sont incapables d'expliquer pourquoi. Des anomalies magnétiques provoquent des ratés dans les instruments de navigation et pourraient faire que les gens sont désorientés et perdus. Mais cela n'explique pas qu'on ne les revoit jamais. Comme le Triangle des Bermudes, le Triangle de l'Alaska est un tourbillon puissant qui pourrait être la cause de la disparition d'avions, de bateaux et de personnes.

Le Triangle du Dragon

Le Triangle du Dragon, également connu comme la Mer du Diable, est situé dans la mer des Philippines, au sud de Tokyo. Il est similaire aux triangles des Bermudes et de l'Alaska, il est réputé faire disparaître bateaux et marins et est reconnu pour ses anomalies magnétiques qui mystifient encore les scientifiques. On attribue parfois ce genre de disparitions aux OVNI et aux civilisations sous-marines.

Le vortex de l'Oregon

Le vortex de l'Oregon à Gold Hill, aux États-Unis, est réputé pour son phénomène de distorsion perceptuelle. De nombreux touristes s'y rendent pour voir l'effet d'illusion d'optique sur des objets et des personnes qui rapetissent et grandissent. Comme on peut photographier le phénomène, on n'en fait pas qu'une expérience personnelle, car on peut également le documenter. Les Indiens d'Amérique ont appelé l'endroit « terre interdite », et il paraît que leurs chevaux refusaient d'entrer dans ce tourbillon.

Le vortex du Montana

Le vortex du Montana, situé à l'extérieur des Chutes Columbia, dans le Montana, est une attraction touristique populaire qui vous permet de voir rapetisser et grandir vos amis dans l'espace anormal du vortex. Il y a aussi un coin où vous pouvez vous installer et voir l'aura qui entoure votre corps ! Toutes les choses vivantes émettent un champ électromagnétique, mais la plupart des gens sont incapables de le voir. Le vortex du Montana emploie des guides touristiques qui peuvent vous aider à comprendre quelques-uns des effets surnaturels qui s'y produisent.

Le vortex de Burlington

On dit du vortex de Burlington, dans le Wisconsin, qu'il induit des expériences d'activité spirituelle, qu'on peut y voir des mondes féeriques et sentir les changements énergétiques de d'autres dimensions. Je suis allée voir ce vortex et j'y ai vécu des expériences fabuleuses. En forêt, les sensations sont différentes, et l'énergie change avec nous quand on se déplace dans des zones différentes. À un moment donné, je me suis sentie étourdie et désorientée sur le flanc d'une colline, et j'ai compris que j'avais traversé un plus petit vortex. Lorsque l'on prend des photographies dans cet endroit, toutes les images semblent tourbillonner. La deuxième fois que j'y suis allée, j'ai pris le tour guidé et j'en ai appris encore davantage sur ce point de force énergétique. Cela vaut la peine d'aller visiter ce vortex le soir pour prendre en photo les abondantes anomalies. Vous pourrez y capter des changements de dimensions, des orbes, des portails tourbillonnants, des lumières dans le ciel et des portes tournantes vers d'autres dimensions ; vous pourriez même expérimenter la lévitation ou une invisibilité partielle. Il était aussi très clair, en longeant le sentier à trois branches, qu'aucune petite créature n'habitait dans ces bois. Nous n'avons vu aucun écureuil ou aucun oiseau pendant que nous étions dans le vortex. C'était une expérience étrange que ce calme absolu, dans ce qui, normalement, aurait dû être une forêt grouillante de vie. Vous y ferez de nombreuses expériences qui vous donneront envie d'en connaître davantage !

Les vortex de Sedona

On croit que les vortex qui se trouvent dans et autour de Sedona, en Arizona, comportent des bénéfices spirituels aidant ainsi les visiteurs à avoir plus de clarté dans leur vie. L'énergie semble y faciliter la prière, la méditation et la guérison. Il faut faire soi-même l'expérience de ces centres d'énergie subtile, mais on affirme qu'ils rehaussent les pouvoirs spirituels et psychiques. Je suis allée à Sedona et je me suis sentie en apesanteur en escaladant une montagne menant à un populaire vortex. J'ai eu les idées claires durant toute la durée de ma visite et j'ai pu traverser un portail interdimensionnel. Ce fut pour moi une expérience intense, et je ne l'ai jamais oubliée.

Le grand monticule de serpent

Le grand monticule de serpent dans le comté d'Adams, Ohio, est la plus grande effigie au monde. Il a été construit tel un grand serpent avec une apparence et des pouvoirs surnaturels. Au fil des ans, ce grand monticule s'est valu une réputation de lieu mystérieux où des phénomènes anormaux se produisent régulièrement. On le dit envahi par les fantômes des bâtisseurs du monticule. De nombreuses personnes rapportent que ce site vous centre spirituellement et que leurs chakras se sont ouverts lorsqu'elles l'ont visité.

Le vortex d'Asheville

Le vortex d'Asheville est situé dans le parc national des Great Smoky Mountains, en Caroline du Nord. On rapporte 24 vortex actifs entre Black Mountain et Waynesville, ainsi que des emplacements auxquels on fait référence comme à des zones de pouvoir. Asheville possède une des plus grandes concentrations de vortex et de zones de pouvoir du pays. J'ai séjourné dans les montagnes près d'Asheville et j'y ai éprouvé de nombreuses sensations associées à l'énergie des vortex et aux lieux à haute vibration. Cet endroit a toujours attiré les guérisseurs holistiques et les métaphysiciens qui se sentent littéralement poussés à y déménager. C'est l'endroit idéal pour explorer les anomalies énergétiques !

Il y a fort à parier que de fabuleux changements transformeront votre réalité actuelle si vous visitez des sites où il y a des vortex et d'autres lieux surnaturels. Ces emplacements présentent des anomalies étranges et inexpliquées dont les causes subjuguent les esprits scientifiques. Avec une énergie disponible aussi vaste, vous êtes certain d'assister à des événements surnaturels. Attendez-vous à ce que tous les appareils que vous y apporterez tombent en panne !

Les cavernes

Les cavernes sont des lieux sombres, humides et effrayants ; elles sont la toile de fond idéale pour toutes les histoires de fantômes. Toutefois, les cavernes rassemblent effectivement tous les éléments nécessaires à la création d'un fantôme. L'obscurité qui y règne crée une privation sensorielle, ce qui est censé augmenter la conscience psychique. De nombreux anciens se retiraient pour vivre dans des cavernes obscures, afin de trouver la sagesse à travers leurs visions. Les Grecs de l'Antiquité cherchaient l'illumination et les états modifiés de conscience en pénétrant dans les cavernes et en fixant les plans d'eau. Très souvent, les mineurs prisonniers des cavernes rapportaient avoir eu des hallucinations et des visions.

Des recherches menées par le psychologue Wolfgang Metzger donnent à penser qu'il y a une raison probante à l'importante activité fantomatique dans les coins obscures. On a découvert qu'en l'absence de stimuli visuels, le cerveau devient plus réceptif au champ complet. Le champ complet est plus que ce que nous pouvons normalement voir (par exemple, d'autres fréquences comme le monde des esprits). La privation sensorielle nous rendrait plus aptes à voir des choses que nous ne pourrions voir normalement. Une expérience illustrant l'effet Ganzfeld pourrait vous aider à comprendre ce phénomène. Vous pouvez le reproduire chez vous en collant des moitiés de balles de ping-pong sur vos yeux, en écoutant les bruits blancs avec des écouteurs, et en fixant une lumière rouge.

On associe souvent l'humidité aux fantômes. On dit que l'eau sert de conduit entre le monde des esprits et le nôtre. Les cavernes ont tendance à conserver un taux d'humidité élevé ; il y en a même qui recèlent leurs propres source, chutes et étangs.

Dans de nombreuses civilisations anciennes, les gens vivaient dans les cavernes, ce qui pourrait expliquer la présence de fantômes. Tout comme les fantômes retournent dans les maisons où ils ont vécu, les hommes des cavernes retournent dans leurs cavernes après la mort. Je crois également que l'énergie de la caverne sert à garder l'énergie en place. Ce type de milieu pourrait être un catalyseur pour les phénomènes fantomatiques.

Les cavernes de Wabasha Street

Pendant longtemps, on a considéré que les cavernes de Wabasha Street, à Saint Paul, Minnesota, étaient hantées. Ces cavernes de grès étaient en fait des mines forées par les hommes et avaient été creusées dans le grès dans les années 1840. Elles ont hébergé le Wabasha Street Speakeasy et ont servi de lieu de rassemblement pour les gangsters, dont John Dillinger. À partir de 1920, il y a eu plusieurs apparitions de fantômes qui ressemblaient à des gangsters. Des groupes d'enquêteurs du paranormal ont enregistré plusieurs PVE ; ils ont aussi vécu de grands frissons fantomatiques et des rencontres documentées.

Ruby Falls

Ruby Falls, ou chute Ruby, est située dans Lookout Mountain, près de Rock City et Chattanooga, au Tennessee. Cette chute doit son nom à l'épouse de l'homme qui l'a découverte. Les Amérindiens ont déjà utilisé les cavernes de calcaire de Chattanooga pour s'abriter et tenir leurs ennemis à distance. On y amenait les soldats de la guerre de Sécession, car la caverne servait d'hôpital de campagne, et on dit que des hors-la-loi notoires ont utilisé cette caverne en guise de cachette. La caverne héberge une chute souterraine naturelle qui forme une cascade de 44 mètres, ce qui semble plutôt anormal. On ne sait pas trop d'où provient l'eau qui alimente la chute, car toutes les tentatives pour en découvrir la source se sont avérées vaines. En visitant cette caverne, j'ai senti une forte connexion aux esprits des Amérindiens qui semblent y être toujours très présents.

Mammoth Cave

Mammoth Cave, au centre de l'État du Kentucky, est le plus grand réseau de galeries souterraines au monde. Les experts disent que Mammoth Cave existait il y a plus de 12 mille ans. La très longue histoire de ces galeries a commencé avec les visites des premiers colons. Durant la guerre de 1812 entre les États-Unis et l'Empire britannique, les esclaves ont creusé des mines dans le salpêtre des cavernes pour fabriquer de la poudre à canon. On dit que les indiens Shawnee et Cherokee, qui venaient dans la région pour chasser, utilisaient les cavernes pour s'abriter. Mammoth Cave a également servi de lieu de sépulture aux premiers explorateurs et aux habitants des cavernes. Des années d'exploration ont mené à la découverte de momies qui semblent avoir été préservées par le contenu en minéraux de la caverne. Il y a de nombreuses histoires d'apparitions de fantômes et de personnes en chair et en os dans la caverne. Les touristes ont rapporté avoir vu des personnages vêtus comme les premiers colons, qui se sont joints au guide touristique avant de disparaître.

Lemp Mansion Cave

Le manoir Lemp à St. Louis, dans le Missouri, est réputé être l'une des plus célèbres maisons hantées du pays. Même si la famille Lemp était richissime, leur argent n'a pas pu compenser les énormes pertes de vies humaines qu'ils ont subies. Johann Adam Lemp a émigré d'Allemagne en 1838 et s'est établi à St. Louis, où il a ouvert une brasserie. Après sa mort, la brasserie familiale a été léguée à son fils William, qui a agrandi l'entreprise et l'a transformée en distributeur national de la bière Lemp. William a entrepris de former Frederick, son fils préféré, pour qu'il dirige l'affaire familiale. Mais on rapporte que Frederick, qui avait une santé fragile, a travaillé jusqu'à l'épuisement et a succombé à un arrêt cardiaque. William ne s'est jamais remis de la mort de son fils et s'est retiré du monde extérieur. On dit qu'il utilisait chaque jour le système de galeries sous sa demeure pour atteindre la brasserie. Désormais incapable de fonctionner, William s'est tiré une balle et est mort dans son manoir.

La fille de William, Elsa, avait des problèmes conjugaux et peu après le décès du père, elle s'est tuée avec une arme à feu dans sa maison de St. Louis. Le fils de William, William junior, qui devenait alors l'héritier légal des Lemp, a utilisé les cavernes pour la conservation de la bière. Il y a fait aussi construire une salle de bal, une piscine et un théâtre. Après avoir perdu l'argent de la famille, William junior s'est enlevé la vie et est mort dans son bureau, dans le manoir familial. Des années après, l'autre fils de William, Charles, s'est suicidé en se tirant une balle et a lui aussi décédé dans le manoir.

Après la prohibition, la caverne a été scellée et la maison utilisée comme pension. Il serait intéressant de mener une enquête sur cette propriété, en raison de l'histoire de la famille Lemp et du système de galeries souterraines. Qu'est-ce qui a mené à tant de drames ? Même si les galeries ne sont probablement pas accessibles, elles peuvent quand même contribuer au fait que l'on y rapporte la présence de fantômes. Aujourd'hui, le manoir Lemp a été transformé en restaurant et auberge, et il a la réputation d'être l'un des bâtiments les plus hantés d'Amérique.

Conseil : Si votre ville a été érigée sur un système de galeries ou de tunnels souterrains, il est fort probable qu'une énergie spirituelle y demeure prisonnière. Les tunnels étaient utilisés pour tout et n'importe quoi, allant du chemin de fer souterrain à la contrebande d'alcool durant la prohibition. Les deux scénarios impliquent des émotions humaines exacerbées et des morts, ce qui en fait de fascinants lieux d'enquête.

Territoires sacrés et cimetières

Les civilisations anciennes donnaient souvent aux choses le nom du diable lorsqu'ils savaient que l'endroit avait des pouvoirs surnaturels mais qu'ils ne comprenaient pas pourquoi. Les anciens ne pouvaient pas expliquer pourquoi ces endroits n'obéissaient pas aux lois de la physique, alors ils les étiquetaient comme détenant des pouvoirs maléfiques. En vérité, la plupart de ces endroits sont affectés par des éléments tout à fait naturels que nous comprenons mieux aujourd'hui. Les cristaux, les minéraux, les aimants, les galeries souterraines, l'eau courante et les vortex, tout cela réunit des conditions qui établissent le théâtre d'événements surnaturels inexplicables.

La Tour du Diable

La Tour du Diable (Devil's Tower), située dans le nord-est du Wyoming, est parmi les formations naturelles les plus reconnaissables dans le monde. On dit que c'est l'un des sites surnaturels les plus puissants sur le continent. Il s'agit d'une formation rocheuse de 386 mètres, dont le sommet est plat et se démarque des autres roches sédimentaires qui l'entourent. Les Amérindiens avaient découvert que la Tour du Diable était un lieu idéal pour entamer une quête de visions, et ils utilisaient ce site sacré pour toutes sortes de cérémonies. Ils croyaient que la formation rocheuse possédait des pouvoirs surnaturels et qu'elle leur permettait d'avoir des visions mystiques. On dit que la Tour du Diable est hantée par les fantômes des premiers Indiens d'Amérique, ainsi que par plusieurs esprits animaux puissants. On ne s'étonne pas de découvrir que les lectures électromagnétiques y sont très élevées ; on dit d'ailleurs qu'elles induisent des expériences religieuses et de hauts niveaux de conscience.

Les cimetières

Les Indiens d'Amérique vivaient très près de la Terre Mère et n'avaient pas besoin d'instruments pour leur dire comment trouver les vortex. Ils observaient les animaux qui évitaient certains coins et examinaient la croissance anormale de certains arbres. Ils tenaient régulièrement des cérémonies sacrées dans ces lieux de grand pouvoir. La plupart des sites de sépultures sont situés sur un vortex. Bon nombre d'Amérindiens croyaient que cette énergie les aiderait dans le monde des esprits au moment où ils quitteraient leur corps. Si vous êtes respectueux lorsque vous visitez les cimetières des Amérindiens, vous pourriez rencontrer des fantômes ou des esprits qui sont restés là pour protéger leurs sites sacrés.

L'INDIEN À LA COUPE CHAMPIGNON

En visitant le cimetière des Indiens Calusa en Floride, j'ai rencontré un esprit qui n'était pas content de me voir. Les monticules sacrés avaient été transformés en parc national commémoratif des Calusa. Comme c'était ma première visite sur ce site, j'ai suivi le sentier menant à ce qui devait être un monticule cérémoniel. Il y avait des monticules de deux différentes tailles. Le plus petit était à la base d'un monticule beaucoup plus imposant avec des marches menant au sommet pour une vue imprenable sur les environs. J'étais nichée sous l'arbre du plus petit monticule, où les Calusa déployaient leurs parements cérémoniels en vue des rituels sacrés. J'avais apporté une offrande de tabac que j'avais mise dans la terre, puis j'ai fermé les yeux pour me connecter aux esprits. J'ai immédiatement vu un petit homme à la peau foncée qui était très fâché. Son visage était juste au-dessus du mien et il s'adressait à moi en criant et en vociférant dans une langue que je n'avais jamais entendue. Ses cheveux étaient noirs et coiffés comme quand on place un bol sur la tête de quelqu'un et qu'on coupe en suivant le contour. Je me rappelle m'être dit que c'était très étrange, parce que tous les Indiens que j'avais vus jusque-là avaient les cheveux longs ou encore des nattes. Même si je ne savais pas ce qu'il me disait, il était clair qu'il ne voulait pas de moi sur la parcelle de terre où je me tenais.

En reprenant le chemin menant à la sortie du parc, j'ai remarqué un écriteau racontant une partie de l'histoire des Calusa, que je n'avais pas vu à mon arrivée. Quand je me suis arrêtée pour le lire, j'ai été étonnée de la description que l'on faisait des Calusa. La tribu entière portait les cheveux courts, à l'image de ce que l'on appelle encore aujourd'hui la coupe champignon. Je n'arrivais pas à le croire ! Ma rencontre avec cet esprit amérindien me confirmait que j'avais bel et bien rencontré un Calusa. J'ai très vite compris que le fantôme de cet indien continuait de protéger sa terre sacrée. Les responsables du parc ignoraient sans doute que le sentier public était encore perçu comme un lieu sacré. Par la suite, j'ai toujours laissé le tabac à la base du monticule et je n'ai plus mis les pieds sur l'aire cérémonielle. Les esprits en étaient satisfaits et ils nous ont bien accueillis lors de nos visites ultérieures.

Les eaux curatives

Fátima, Portugal

Des millions de gens courent le monde pour visiter des sites où l'on croit que l'eau est sacrée. À Fátima, au Portugal, la vierge Marie est apparue à trois enfants au début des années 1900. L'endroit a été considéré comme sacré et le site est devenu une destination de pèlerinage qui attire des gens de partout dans le monde. Cette région rurale ne disposait pas de suffisamment d'eau pour que les pèlerins puissent boire ou se laver, ce qui irritait certains villageois. On a finalement décidé de creuser un nouveau puits que tous les pèlerins pourraient utiliser. Lorsqu'ils ont commencé à creuser, les ouvriers ont frappé une couche de roche dure que leurs outils n'arrivaient pas à pénétrer. Mais mystérieusement, le puits a commencé à se remplir d'eau. Ils n'ont jamais terminé le forage du puits, mais ce dernier fournissait quand même de l'eau. Les experts disent que le plus proche accès à l'eau se trouvait à environ 10 kilomètres. Pourtant, aujourd'hui encore « le puits de Notre-Dame » continue de fournir de l'eau en abondance. Les villageois et les pèlerins croient que l'eau y est miraculeuse. Les fidèles y vont pour prier, tandis que bien des malades s'y rendent pour être guéris. On a répertorié d'innombrables cas de guérison survenus en buvant l'eau du puits.

Warm mineral springs

Les sources d'eau minérale de North Port, en Floride, produisent chaque jour neuf millions de gallons d'eau gorgée de minéraux. Cette eau contient plus de 51 minéraux différents, ce qui en fait la troisième source la plus riche en minéraux au monde. L'eau maintient une température égale de 87 degrés, de sorte que l'on peut s'y baigner sans inconfort à longueur d'année. L'explorateur espagnol, Juan Ponce de León, a mené une expédition pour découvrir la mythique fontaine de jouvence, connue aujourd'hui comme les sources d'eau chaude minérale. Lorsqu'il est revenu pour réclamer la propriété de la source, il a été attaqué par les Indiens Calusa et a succombé à ses blessures peu de temps après.

Une visite aux Warm Mineral Springs est un peu déstabilisante au début, en raison d'une très forte odeur de soufre qui s'en dégage. En approchant du long corridor menant aux douches et aux vestiaires, vous aurez l'impression d'entrer dans un autre temps – comme si vous veniez d'entrer dans *Terre perdue* et que vous vous apprêtiez à voir de vos yeux un dinosaure vivant.

Effectivement, l'endroit est devenu l'un des plus importants sites archéologiques sous-marins des États-Unis et la cible privilégiée des recherches archéologiques sous-marines. Les scientifiques y ont découvert des restes humains datant de la préhistoire, des tigres à dents de sabre, des paresseux géants et même un chameau. On peut barboter dans cette eau sans effort, car il est très facile d'y flotter en raison de son contenu élevé en minéraux. Ce que j'aime surtout dans ces sources, c'est que vous ne savez pas qui vous y rencontrerez ou quel genre d'histoires ils vous raconteront. Ils donnent tous des témoignages de guérison, et c'est ce qui explique que des voyageurs étrangers y viennent chaque année. Les Warm Mineral Springs sont une authentique anomalie et il faut en faire l'expérience personnellement.

La terre maudite

On peut parfois trouver une terre maudite. Ce type de terre semblera attirer une tragédie après l'autre. Peu importe où se situe cette terre ou si une maison ou un bâtiment y a été érigé. Certains croient que de tels sites sont les lieux d'un vortex néfaste, c'est-à-dire d'une énergie qui ne résonne pas sainement avec les gens et les autres choses vivantes.

De nombreux enquêteurs du paranormal connaissent bien les tristement célèbres meurtres qui se sont produits à

Villisca, dans l'Iowa, en 1910. La maison de Villisca a été le théâtre d'un violent saccage où une famille entière a été décimée, dont deux fillettes qui y passaient la nuit. Le crime n'a jamais été résolu. Depuis, cette maison hantée est devenue une attraction pour les passionnés du paranormal qui, en payant le prix, peuvent explorer, enquêter et même y passer la nuit. Il est intéressant de noter que certains PVE captés sur les lieux indiquent qui était le meurtrier et coïncident avec les noms des suspects de l'époque.

Dans les écrits concernant la petite ville de Villisca, on peut lire que ce nom signifie « vue agréable ». Cependant, l'histoire indique que le nom a été changé et que les Indiens Iowan (Fox et Sioux) appelaient plutôt la ville Willisca, ce qui signifie « lieu des esprits maléfiques ». De nombreuses personnes qui connaissent bien l'histoire de ces meurtres ignorent l'histoire de la parcelle de terre où cette maison a été érigée.

La maison Villisca a été construite sur le site d'une place où les Amérindiens amenaient ceux qui souffraient de démence. Contrairement aux Blancs qui construisaient des asiles pour y dissimuler les aliénés mentaux, les Amérindiens croyaient que leurs déments réagiraient mieux avec un type différent d'énergie. Les Amérindiens étaient connectés de près à la terre et comprenaient la nature de l'énergie des vortex. Mais un vortex peut affecter les vivants de nombreuses façons. Un vortex néfaste peut rendre malade une personne, un animal ou une plante. Toutefois, si une personne est déjà en mauvaise santé, son énergie résonnera dans ce champ énergétique et elle pourrait demeurer totalement indifférente à ce vortex. La maison

Villisca avait été construite sur ce site, et plus tard, la famille entière y avait trouvé la mort. La maison n'a jamais été un lieu sain et heureux pour quiconque a tenté d'en faire sa demeure.

Mais on peut se demander pourquoi cette terre était en violation avec la nature. Pourrait-on expliquer cela par le sol lui-même, la roche ou le minerai qui dort sous la surface? Pourrait-il s'agir simplement d'un vortex qui tourne dans le sens opposé à la direction qui rehausse la plupart des choses dans la nature? S'il y a une anomalie surnaturelle sur le sol lui-même, il faudrait étudier la chose de plus près afin de mieux comprendre le phénomène.

En faisant l'expérience de l'énergie du vortex, vous rencontrerez des vortex qui vous apporteront un sentiment de santé et d'équilibre. D'autres vous rendront physiquement malade, et vous voudrez repartir sur-le-champ. Bien des gens croient que ces endroits sont maléfiques, au lieu de comprendre qu'ils ne résonnent tout simplement pas personnellement avec cette énergie. En effet, quelque chose est déséquilibré sur le site d'un vortex néfaste, mais peut-être pourrait-on résoudre le problème au lieu de l'éviter et de l'ignorer. La même approche est utile lorsque vous rencontrez des gens. Vous constaterez que vous vous sentez en résonance avec certaines personnes et non avec d'autres, et ceci est normal. C'est une loi naturelle que de suivre son instinct. Laissez la nature vous mener à une résonance parfaite avec tous ceux que vous laissez entrer dans votre vie, avec l'endroit où vous travaillez et la maison dans laquelle vous vivez.

Les malédictions sur un lopin de terre

Un lopin de terre peut également être en proie à une malédiction qui y a été jetée exprès. Ce type de malédiction a été créé et n'a rien à voir avec un vortex néfaste ou toute autre anomalie naturelle. Vous pourriez visiter une propriété qui est hantée sans que cela soit dû à un fantôme. La terre elle-même semble poursuivre une vendetta contre les méfaits du passé. Ces terres maudites peuvent causer une longue suite de malchances à leurs propriétaires, même des centaines d'années après que la malédiction a été jetée. Les membres de la famille peuvent tomber malades, perdre leurs emplois et divorcer plus souvent que la moyenne. Ces endroits sont souvent le théâtre de violents phénomènes surnaturels qui suscitent peur et agitation chez les vivants.

Jusqu'à maintenant, la majorité de ceux qui se sont retrouvés dans une maison ou une parcelle de terre maudite ont déménagé. Cependant, tout comme la malédiction a été placée sur la terre intentionnellement, on peut également l'en libérer intentionnellement. Pour la même raison, ne retournez jamais, au grand jamais, une malédiction à celui qui l'a jetée, ou à n'importe qui d'autre. Vous en subiriez de terribles conséquences dans le futur. Il vaut toujours mieux chasser la malédiction et la renvoyer à Dieu.

Retirer une malédiction

On peut retirer une malédiction et rééquilibrer le karma grâce à l'usage de cette simple technique de guérison. On y parvient en entrant en contact avec le Créateur dans l'onde cérébrale thêta. Quand vous serez connecté mentalement au plus haut niveau, dites :

> *Créateur, j'ordonne de retirer de cette terre toute malédiction et de l'envoyer dans ta lumière pour qu'elle soit transformée en amour et en lumière. Merci.*

Regardez l'énergie sortir de la parcelle de terre et devenir plus légère lorsque l'obscurité monte vers les cieux. Puis dites :

> *Créateur, j'ordonne de guérir cette terre, de la remplir de l'amour du Créateur et de guérir toutes les personnes qui ont des liens énergétiques avec cette propriété, les vivants comme les morts. Merci.*

Voyez la lumière remplir la propriété, équilibrer la nature et inviter des espèces saines à habiter dans cet endroit. Voyez également se rétablir les personnes qui sont dans les environs.

Les traumatismes de la terre

Les fantômes de la guerre de Sécession

La terre la plus maculée de sang aux États-Unis est sans aucun doute celle qui a été touchée par la guerre de Sécession. Alors que Gettysburg est bien connue pour ses fantômes, Chickamauga, au Tennessee, est également connue pour les nombreuses apparitions et voix désincarnées provenant des innombrables victimes de la guerre. La bataille de Chickamauga (1863) a duré deux jours et s'est soldée par 35 000 morts. La majorité des soldats de l'Union ont été enterrés dans des fosses communes, sur le champ de bataille. L'absence de sépulture en bonne et due forme est souvent un catalyseur pour les fantômes.

Quand la bataille a commencé, les femmes ont cherché leurs proches parmi les blessés et les soldats morts au combat. Elles ont cherché toute la nuit à la lumière des lanternes, mais ont trouvé peu de traces de vie. On entend encore parfois, semble-t-il, les gémissements des femmes qui pleuraient leurs pertes sur le champ de bataille, et on voit toujours apparaître des lanternes la nuit.

Très souvent, un esprit qui a subi une mort cruelle et précoce n'entrera pas dans la lumière. Ces jeunes soldats n'ont pas eu droit à une vraie sépulture ; ils ont été jetés dans des fosses communes avec tous les autres. On découvre encore des corps de soldats de la guerre de Sécession. Pour plusieurs, la guerre sévit toujours.

Chaque fois qu'une tragédie de cette ampleur se produit et qu'il y a autant de pertes de vies humaines, la terre baignée de larmes souffre. Elle garde en elle l'angoisse et les traumatismes des émotions humaines qui y ont été déversées. En fait, cela crée dans l'environnement une sorte d'enregistrement d'une scène que l'on rejoue sans cesse. Les soldats errent sans but, et la terre, dont les plaies sont restées ouvertes, a besoin d'être pansée. On peut guérir les deux. Il est grand temps que cette terre se libère de ses souffrances.

La terre peut être guérie par une prière, la méditation et les rituels de guérison. Si vous désirez retirer un traumatisme d'une parcelle de terre, il faudra la traiter comme vous le feriez d'un être vivant.

Guérir une parcelle de terre

Si une parcelle de terre a été traumatisée par une guerre, une bataille ou un meurtre, il est possible de la guérir. Toute chose possède une énergie, et cette énergie sera comme une empreinte douloureuse qui balafre la terre. Peu importe quel genre de tragédie a laissé sa marque sur une parcelle de terre, on peut la soigner en procédant à une guérison simple dans l'onde cérébrale thêta.

Comment guérir une parcelle de terre

1. Commencez par vous asseoir confortablement dans un endroit où vous ne serez pas dérangé.
2. Fermez les yeux. Inspirez et expirez lentement pour vous aider à vous détendre et à vous centrer.
3. Sentez l'énergie de la Terre Mère monter par la plante de vos pieds.
4. Laissez cette énergie ouvrir doucement chacun de vos chakras en montant jusqu'au sommet de votre tête.
5. Imaginez que votre conscience sort par le sommet de votre tête et au-dessus de votre espace.
6. Continuez à faire circuler votre énergie vers le haut jusqu'à ce que vos paupières commencent lentement à cligner.
7. Déclarez votre intention de vous connecter à Dieu, au Créateur, ou à la Puissance supérieure de votre choix.

8. Quand vous sentirez que votre connexion est solide, vous pourrez donner cet ordre :

   Créateur, j'ordonne que soient envoyés dans ta lumière tous les esprits et fantômes dont la vibration est basse et qui sont encore sur cette parcelle de terre, maintenant. Retire toutes les malédictions ou les tragédies qui se sont produites ici, et guéris tous les aspects de cette terre et tous ceux qui y sont connectés, les vivants comme les morts. Remplis cette terre d'une brillante lumière de guérison et restore son équilibre divin maintenant. Merci.

9. Imaginez que votre énergie tombe directement de l'énergie du Créateur et dans votre maison.

10. Imaginez cette parcelle de terre dans votre œil mental.

11. Assistez au processus. Vous verrez des énergies obscures entrer dans la lumière. Vous pourriez avoir des visions de champs de bataille qui se dissiperont lentement. Quand les ténèbres seront levées, visualisez une lumière remplissant chaque aspect de cette parcelle de terre depuis la nuit des temps. Regardez la nature réagir à ce changement avec force. Lorsque vous sentez que le processus est achevé, il l'est. *Notez bien : pour que cela fonctionne, vous devez assister au processus pendant que vous êtes connecté à la lumière.*

9
Appareils de chasse aux fantômes

Si vous avez utilisé l'onde cérébrale thêta pour vous connecter à la lumière, vous avez probablement déjà commencé à communiquer avec les esprits. Si vous avez des problèmes de communication ou que vous voulez simplement plus de validation, il existe de nombreux instruments qui peuvent vous aider. Devant la popularité des émissions de télévision sur les enquêtes paranormales, l'industrie a créé des appareils qui peuvent vous aider à communiquer plus aisément avec l'Au-delà. Ces appareils vous offrent la possibilité de confirmer scientifiquement ce que vous percevez, intuitionnez et voyez. Il existe plusieurs excellents sites web où vous pouvez acheter de l'équipement. Mes boutiques en ligne préférées sont Digital Dowsing (www.digitaldowsing.com) et The Ghost Hunter Store (www.theghosthunterstore.com).

Les magnétophones numériques

Tous ceux et celles qui sont intéressés à communiquer avec les esprits devraient avoir un magnétophone numérique pour capter les PVE. Un PVE (phénomène de voix électronique) est une voix, ou des sons semblables à une voix, que l'on entend sur les appareils électroniques, mais que l'on n'entend pas sur place au moment où elle est enregistrée. Une voix que vous entendez avec vos oreilles est considérée comme une voix désincarnée, alors qu'un PVE est détecté seulement sur l'enregistrement. C'est peut-être parce que la fréquence d'un PVE est plus élevée que nos oreilles ne peuvent pas l'entendre, comme le sifflet à chien. Tous les magnétophones ayant une gamme de fréquences différentes, il est bon d'utiliser différents magnétophones sur une enquête.

Au tout début de mes propres enquêtes, j'utilisais un simple magnétophone à cassettes pour capter les PVE, mais ce type d'appareil ne donnait pas de bons résultats. D'autres ont utilisé des magnétophones à cassettes avec succès, mais on recommande d'utiliser une cassette neuve chaque fois que l'on tente de communiquer, afin d'assurer la qualité de l'enregistrement. Pour ma part, je préfère utiliser un magnétophone numérique pour les séances avec PVE. Les magnétophones numériques peuvent contenir des heures d'enregistrements et créer automatiquement des fichiers qui aident à conserver les enquêtes séparément. Ils sont faciles à réécouter et sont compacts, et vous ne serez jamais à court de cassettes ! De plus, il est facile de transférer vos clips audio dans votre ordinateur pour les sauvegarder ou les partager.

J'ai un magnétophone numérique Sony que j'ai acheté dans un magasin de détail pour environ 60 $. Cet appareil comporte un système d'annulation des bruits qui rend les PVE clairs comme de l'eau de roche, mais il peut parfois effacer un PVE qui n'est pas assez fort. Il m'est arrivé de capter sur ce magnétophone un PVE que les autres appareils n'avaient pas capté. Pour la clarté, j'ai utilisé ce magnétophone avec un appareil appelé PTP, qui signifie processeur de PVE de terrain. Quand j'utilise les deux appareils simultanément, cela me permet de voir si les lumières du PTP s'allument, ce qui indique une réaction de PVE. Lorsque les lumières clignotent, je peux écouter l'enregistrement pour m'assurer que la communication avec le monde des esprits a été établie. Un appareil PTP coûte actuellement autour de 150$ et on peut se le procurer en ligne. Vous aurez aussi besoin de bons écouteurs quand vous utiliserez cet appareil. On peut acheter des écouteurs pour une somme variant de 50$ à quelques centaines de dollars. Pas besoin d'écouteurs de première qualité; procurez-vous plutôt ceux qui couvrent les oreilles complètement.

Le RT-EVP est un instrument professionnel pour PVE qui vaut l'investissement. L'appareil vous permet de revenir en arrière automatiquement tout en continuant d'enregistrer. Autrement dit, il vous permet d'obtenir des réponses à vos questions en temps réel durant une séance de PVE. L'enregistrement est très clair, et quand vous l'aurez mis à votre main, vous serez étonné de ce que ce petit appareil peut accomplir! De plus, il est doté d'un dispositif qui vous permet de balayer les ondes dont les esprits peuvent se servir pour communiquer. Nous avons eu beaucoup de succès en utilisant ce dispositif de balayage d'ondes pour favoriser les conversations en temps réel avec le monde des esprits. Les esprits sont capables d'utiliser les bruits blancs qui sont créés par le balayage des ondes pour entrer en communication. Une fois le contact établi, il est possible d'avoir de multiples conversations. Les dispositifs combinés dans cet appareil compact en font un outil polyvalent à utiliser lors d'une enquête. Le RT-EVP est actuellement disponible en ligne pour environ 275 $.

Le SB7 est une mini boîte à fantômes qui a fait ses débuts en direct le 30 octobre 2009, à l'émission *Ghost Adventures,* à partir du Trans-Allegheny Lunatic Asylum. La « Spirit Box » est un scanneur qui offre des résultats similaires à ceux d'un enregistreur de PVE, mais en temps réel. Le scanneur d'ondes est similaire au RT-EVP, mais il est conçu uniquement avec cette caractéristique en tête. Ce modèle comprend un dispositif de balayage d'ondes réglable pour avancer ou revenir en arrière, couplé à un générateur de bruit blanc à hautes fréquences entre les échelons de fréquence. On se sert de cet appareil pour communiquer directement avec le monde des esprits ; il permet à ceux-ci d'utiliser la fréquence pour nous parler de manière à ce que l'on puisse les entendre. Il coûte présentement 80 $ environ et les vaut largement.

MERCI DE M'AVOIR AIDÉ À TRAVERSER

Un jour, ma fille et moi avons utilisé la boîte à fantômes SB7 et sommes entrées en communication avec un esprit obligeant. Après nous avoir clairement dit son nom, il nous a révélé où il y avait des esprits qui avaient besoin d'aide. Nous nous sommes rendues au lieu dit et avons commencé à faire traverser les esprits qui étaient restés prisonniers. Dans mon œil mental, je voyais un courant d'énergie être

> aspiré par la lumière tout en entendant parler les esprits à travers la boîte à fantômes. Nous avons entendu plusieurs voix différentes dire : « Merci, au revoir, à plus tard », puis une voix de fillette a dit : « Bye bye ». Ce fut une extraordinaire confirmation d'entendre les esprits communiquer avec nous pendant que nous les aidions à passer de l'Autre côté.

Si vous en êtes à vos débuts et que vous n'avez pas l'argent nécessaire pour acheter les appareils dont j'ai parlé jusqu'ici, vous adorerez celui-ci. Je dois d'abord vous dire que c'est mon petit secret pour capter les PVE sans coup férir. Quand je suis devenue plus active dans les enquêtes du paranormal, j'ai abandonné mon vieux magnétophone numérique pour me servir d'appareils plus sophistiqués.

Durant une enquête, toutes nos piles étaient épuisées dans tous nos appareils lorsque nous avons réalisé que nous étions entourés de fantômes. Le seul appareil qui fonctionnait toujours était mon vieux magnétophone numérique. C'est alors que j'ai dit que c'était correct si les esprits devaient épuiser nos piles afin de communiquer, mais qu'ils pourraient au moins nous dire allô. Puis nous avons capté deux PVE très clairs qui disaient : « allô, allô ». C'est ainsi que j'ai ressorti mon vieux magnétophone et qu'il nous a servi à chacune de nos enquêtes. J'ai très vite remarqué que le chef du groupe du paranormal auquel j'appartenais utilisait exactement le même appareil. Les autres l'avait taquiné parce qu'à chacune de leurs enquêtes, il captait des enregistrements de PVE alors que les autres n'en captaient pas. Ils en avaient déduit qu'il était hanté ou que son appareil l'était aussi. J'ai très vite validé le fait que son vieux magnétophone bon marché s'était montré tout aussi efficace que le mien.

Comme ce magnétophone n'a pas de dispositif d'annulation du bruit, le son est un peu éraillé en position lecture. Je crois en fait que le magnétophone crée son propre bruit blanc, lequel facilite la communication pour les esprits. Vous ne trouverez plus ce type de magnétophone dans les magasins de détail. Mais vous pouvez en trouver en ligne. Tous ceux à qui j'ai parlé de cet appareil en ont acheté un et ont eu les mêmes résultats phénoménaux. Ils sont même vendus en vrac, ce n'est donc pas une mauvaise idée d'en acheter plusieurs si vous faites partie d'un groupe d'enquête. Voici la marque et le modèle de l'appareil que tous les enquêteurs du paranormal devraient posséder, à mon avis : Memorex Model MB2054. Il devrait vous coûter entre 10 et 20 $ environ.

Je télécharge tous mes PVE sur mon ordinateur pour les analyser. Le logiciel Audacity est parfait pour cela et il vous permet de mettre au point et de sauvegarder vos clips. J'ai même sauvegardé quelques PVE en WAV ou MP3 pour les télécharger sur Facebook. Si vous n'avez pas déjà le logiciel Audacity, je vous recommande de vous le procurer. Un téléchargement gratuit est disponible sur http://audacity.sourceforge.net. Ces deux petits appareils équivalent au prix de ce livre. Donc, ceux qui sont en quête du paranormal, ne vous en privez pas !

Le compteur de EMF

Un compteur ou détecteur de EMF est un instrument scientifique pour mesurer les fréquences électromagnétiques.

Assurez-vous d'emporter au moins un de ces appareils lors d'une enquête. Le compteur de EMF peut détecter les fantômes et vous avertir lorsqu'ils s'approchent de vous. J'ai le Mel Meter (Mel 8704R Vibe). Le Vibe est un circuit d'accéléromètre à haute sensibilité vibrationnelle qui fonctionne comme un détecteur de toucher. S'il y a un fantôme à proximité, vous pourrez lire la température (s'il y a une soudaine zone froide), détecter les fluctuations dans les EMF, et vérifier si un corps astral touche l'appareil ou tente de communiquer. Cet appareil comprend également un affichage lumineux, ce qui en facilite la lecture dans le noir. Il est présentement disponible en ligne pour environ 150 $.

Le Mel 8704R MADD (Détecteurs des perturbations dans le champ magnétique) présente également de belles caractéristiques. La principale différence entre le compteur Mel et le Vibe, c'est que celui-ci a une lumière au-dessus de l'affichage que bien des enquêteurs du paranormal utilisent pour communiquer. Vous avez peut-être vu ce dispositif dans les émissions de télé sur la chasse aux fantômes : « Clignez des yeux une fois pour oui ou deux fois pour non. » Le témoin lumineux vous donne un autre moyen d'utiliser cet outil sur le terrain. Cet appareil coûte actuellement autour de 200 $.

L'industrie du paranormal sait parfaitement bien que l'activité spectrale se produit dans les endroits à EMF élevés. Il est très important d'effectuer des lectures de base avant le début d'une enquête, pour savoir quelles sont les lectures normales de cet emplacement. Dès que la communication avec les fantômes commence et devient plus active, le compteur EMF indiquera une pointe. Vous pourriez aussi ajouter une pompe à EMF sur les lieux pour augmenter vos chances d'accumuler des preuves. Une pompe à EMF agit comme une pompe normale, pour distribuer plus d'ondes électromagnétiques dans les espaces environnants. Une pompe à EMF devrait coûter entre 90$ et 200$. Vous ne devriez pas vous exposer à des EMF élevés pendant une longue période, car cela pourrait nuire à votre santé.

Le dispositif TCI (Transcommunication instrumentale)

Le terme transcommunication instrumentale (TCI), inventé par Ernst Senkowski dans les années 1970, fait référence à la communication entre les esprits ou autres entités désincarnées et les vivants, à l'aide de n'importe quel type d'appareil électronique, tels magnétophones, télécopieurs, téléviseurs ou ordinateurs.

L'Ovilus X est un dispositif TCI conçu pour communiquer avec le monde des esprits; l'entreprise affirme cependant qu'il sert à des activités de divertissement. Nous savons tous qu'aucun des appareils que nous utilisons n'offre de garantie et qu'ils sont tous expérimentaux. La collecte de preuves scientifiques sur les activités paranormales est en pleine expansion. À mesure que l'industrie prospère, les appareils changent et sont améliorés. Il y a beaucoup à apprendre sur l'Au-delà et sur la façon de créer des ponts pour converser avec les esprits.

J'ai un appareil Ovilus X dont j'ai su tirer de très bons résultats. Je ne me fie pas uniquement sur l'Ovilus X, mais il a vu juste dans de nombreuses enquêtes. Il a de fabuleuses caractéristiques, dont un générateur de bruit blanc et une pompe EM. Le seul inconvénient de l'Ovilus X est que vous aurez besoin d'un écran à affichage numérique pour être tout à fait certain des mots qu'il reproduit. Lors d'une enquête, si vous n'êtes pas sûr que l'appareil a transmis une chose ou une autre, vous aurez du mal à communiquer. Il faut absolument vous procurer un écran à affichage numérique si vous voulez obtenir des résultats optimaux avec cet appareil. L'Ovilus X coûte actuellement environ 229 $, et l'écran à affichage numérique coûte un autre 89 $.

La photographie des esprits

Croyez-le ou non, j'ai capté une tonne d'images paranormales avec un simple appareil photo numérique. Il semble que les esprits et les fantômes n'aient aucun mal à laisser leur marque sur les photographies. Ce qui est étrange dans une photographie de fantôme, c'est qu'une image peut parfois apparaître sur une photographie très longtemps après avoir été prise. Conservez vos vieilles photos !

Quand vous passerez vos photos en revue, vous voudrez vous assurer que vos yeux ne font pas ce que l'on appelle du « matriçage ». Les humains que nous sommes essaient toujours de voir des choses qu'ils reconnaissent, en particulier des choses ayant des attributs humains. Enfant, nous avons appris à reconnaître les formes. La reconnaissance des formes est une aptitude élémentaire dont les animaux ont besoin pour repérer leurs prédateurs ; on l'associe donc à la survie. Notre esprit fonctionne toujours avec la reconnaissance des formes, même si nous ne vivons plus dans la nature. Le matriçage peut aussi être considéré comme un « un tour de l'esprit », c'est-à-dire que l'on voit ce qui n'est pas vraiment là. Vous feriez la différence entre le matriçage et une vraie photographie d'esprit, s'il y avait d'autres anomalies suggérant la présence d'un esprit.

J'ai photographié des esprits avec des appareils photos jetables achetés à un poste frontalier ou dans n'importe quel magasin de détail, ainsi qu'avec des appareils numériques de tous les rapports qualité/prix. Cela me porte à croire que non seulement l'appareil dont on se sert a une importance, mais le photographe derrière la lentille en a aussi. Certains prétendent que quand vous serez prêt à voir au niveau de l'esprit, vous pourrez photographier davantage de preuves.

Vous découvrirez probablement qu'une certaine pièce d'équipement vous convient mieux que d'autres. Mon appareil photo numérique m'a coûté moins de 200$ et je l'ai depuis très longtemps. J'ai régulièrement capté des photographies de fantômes avec cet appareil. Je vous conseille donc de trouver un appareil photo qui fonctionne pour vous et d'y rester fidèle.

Les orbes

Alors que certains orbes ne sont effectivement que poussière ou humidité, d'autres sont d'authentiques énergies des esprits. Pour dire la différence, vous devrez être attentif aux autres phénomènes inexpliqués. Si vous avez des étourdissements, des picotements, une lourdeur et que vous sentez la présence d'un esprit, l'orbe sur votre photo pourrait être authentique. Si vous captez un PVE intelligent, puis que vous photographiez un orbe, il se peut qu'il soit authentique. J'ai pris une photo où se tient un fantôme avec lequel je communique, et j'ai capté un orbe, malgré le fait qu'aucun autre orbe n'était apparu sur d'autres photos au même endroit. Nous comprenons mal les orbes et ils continuent d'intéresser les chercheurs. Il est possible que différents types d'énergie spirituelle émergent d'un orbe, et vous devrez vous fier à ce que vous ressentez pour discerner de quoi il s'agit.

Les appareils photos à spectre complet

Les fantômes existent dans une vibration que l'œil humain ne peut généralement pas voir. Les humains voient toute la gamme du spectre de la lumière visible. Normalement, notre globe oculaire peut capter des longueurs d'onde allant de 380 à 750 nanomètres. Les diverses longueurs d'ondes du spectre visible sont perçues comme différentes couleurs par les trois types de cônes photorécepteurs dans notre vision centrale, englobant toute la gamme de nuances, culminant près du centre du spectre visible à environ 500 nanomètres. Cela signifie que lorsque nous regardons quelque chose, nous ne voyons pas les ondes qui sont plus courtes que 380 nm ou plus longues que 750 nm. Ces ondes de lumière sont connues comme les lumières ultraviolette et infrarouge. Les enquêteurs du paranormal captent souvent des images spectrales dans les ondes de la lumière ultraviolette et infrarouge. Cela signifie que les esprits sont toujours autour de nous, mais nous sommes incapables de les voir parce que notre champ de vision est limité.

Toutefois, notre vision périphérique nous permet d'atteindre les ondes ultraviolettes et infrarouges, ce qui explique que tant de gens voient des choses du coin de l'œil.

La vision périphérique ne sert pas à distinguer les couleurs, mais elle est bien meilleure pour détecter le mouvement. Ce pourrait être une autre raison pour laquelle des gens disent avoir vu bouger des ombres noires spectrales du coin de l'œil. En fait, les images qu'ils voient ne sont ni noires ni sombres – elles apparaissent ainsi seulement parce que leur vision périphérique ne peut pas voir la couleur. Notre vision périphérique distingue mieux les objets flous dans le noir. On enseigne souvent aux troupes de l'armée américaine à ne pas regarder directement les objets la nuit, mais à diriger leur vision d'un côté afin de mieux les voir.

Les appareils photos à spectre complet nous aident à détecter les choses que nous ne pouvons voir avec les yeux. J'ai acheté un appareil photo à spectre complet, mais je n'ai pas très bien réussi avec cet appareil. Je vous conseille plutôt d'investir sur un appareil photo à spectre complet de très bonne qualité ou sur une pièce d'équipement vidéo.

Vision nocturne DVR

J'ai acheté une caméra avec détecteur de mouvement, la Sony Mini DVR-01 vision nocturne. Cet appareil détecte l'énergie passive infrarouge et les fluctuations de mouvements. Quand j'ai compris comment mettre l'appareil en état de fonctionnement (il faut le brancher dans un téléviseur ou un moniteur), j'ai été enchantée des résultats. Pour parer à d'éventuels problèmes, j'ai installé ma mini caméra DVR sur un trépied au bout de mon couloir. C'est une bonne idée de vous familiariser avec votre équipement avant de vous en servir sur le terrain. J'avais programmé la vision nocturne pour prendre trois photographies successives, quand le détecteur de mouvement a détecté quelque chose qui bougeait dans le couloir. Le lendemain, pensant trouver des preuves d'activité, tout ce que j'ai trouvé, c'était le corps nu de mon mari en train de faire les cent pas, comme si j'avais filmé le Sasquatch. Oups ! N'oubliez pas d'avertir toute la famille quand vous ferez l'essai d'un nouvel appareil. En toute justice, les photos étaient de très bonne qualité, compte tenu du fait qu'elles avaient été prises dans le noir total.

J'étais très contente de la fonctionnalité de cet appareil. Que vous suspectiez la présence d'un coin actif dans votre maison ou que vous utilisiez ce dispositif pour documenter une enquête, je vous le recommande. Vous pouvez ajouter des caméras additionnelles si vous souhaitez observer plus d'une zone à la fois. La caméra Sony Mini DVR coûte actuellement autour de 170 $.

Les pendules

J'ai utilisé des pendules pour détecter les chakras qui fonctionnaient correctement et l'énergie subtile du corps humain, longtemps avant de savoir qu'on pouvait s'en servir pour détecter la présence d'un esprit. Tout comme les radios captent l'information provenant d'ondes radio invisibles, le pendule est comme une antenne puissante qui capte l'information des vibrations et des ondes énergétiques émises par les gens, les lieux, les pensées et les choses. C'est donc normal que l'on puisse détecter un fantôme – qui est connu pour posséder un corps d'énergie subtile – à l'aide d'un tel appareil.

Albert Einstein était connu pour réussir des exploits impressionnants avec des instruments de radiesthésie et il croyait que celle-ci avait quelque chose à voir avec l'électromagnétisme. Certains disent que le pendule crée un pont entre les zones logique et intuitive de l'esprit. D'autres disent que le pendule les connecte à une Puissance supérieure et ils appellent cela « divination », car ils croient que l'information provient d'une source divine. La recherche scientifique indique que le pendule réagit à l'énergie électromagnétique qui irradie de toute chose sur la terre.

On s'est servi du pendule pour détecter les allergies et autres problèmes de santé, voire pour déterminer avec précision le sexe et le jour de naissance des bébés à naître. On s'en est servi pour trouver de l'eau, de l'or, de l'huile et d'autres minéraux. Bien des gens utilisent le pendule pour obtenir des réponses aux questions qu'ils se posent. En France, les physiciens ont utilisé le pendule pour établir des diagnostics. Durant la guerre du Viet Nam, les Marines américains apprenaient à se servir du pendule afin de localiser les mines et les tunnels souterrains pour leur survie. Que l'on comprenne exactement comment et pourquoi le pendule fonctionne semble sans importance, comparé au fait qu'il fonctionne et qu'il a toujours fonctionné. Cet instrument peut aussi être un outil efficace à utiliser dans les enquêtes du paranormal.

Pendant que vous tenez la chaîne du pendule entre le pouce et l'index, la coutume veut que vous lui posiez une question. Normalement, le pendule oscillera d'avant en arrière pour indiquer un « oui » et d'un côté à l'autre pour indiquer un « non ». Il peut aussi se mettre à faire des cercles dans le sens des aiguilles d'une montre pour un « oui » et dans le sens contraire pour un « non ». Tous les pendules ne fonctionnent pas bien avec toutes les personnes. Si vous voulez utiliser un pendule pour n'importe quelle sorte de divination, il importe d'en trouver un qui fonctionne bien pour vous. Plus vous travaillerez avec votre pendule et vous fierez sur les résultats obtenus, plus la divination deviendra facile.

En pénétrant dans un endroit « hanté », vous demanderez au pendule de vous indiquer la présence de fantômes sur la propriété. Vous pouvez aussi poser des questions pour déterminer le nombre de fantômes présents en disant : « Il y a deux fantômes ici. » Le pendule vous répondra oui ou non. Si la réponse est positive, continuez en disant : « Il y a trois fantômes ici », « Il y a quatre fantômes ici », etc. Vous pouvez être plus direct et demander au pendule si c'est un fantôme mâle ou femelle et déterminer son âge et depuis combien de temps il est là.

Le travail avec le pendule pourrait vous ouvrir de nouvelles portes si vous poursuivez votre travail d'investigation avec le monde des esprits. Quand vous aurez utilisé le pendule efficacement, vous remarquerez que votre corps réagit lui aussi à l'environnement et que cet outil peut vous aider à développer vos propres talents de médium.

La radiesthésie

Il faut du temps pour apprendre à bien se servir des baguettes de radiesthésie et développer une sorte de relation de confiance avec elles. Ces baguettes peuvent être fabriquées dans n'importe quel matériau, et elles ont généralement la forme d'un « L ». Beaucoup de gens plient des cintres de métal et s'en servent pour la radiesthésie. On a aussi utilisé avec succès des branches fourchues ayant la forme d'un « Y ». En fait, on s'en servait bien avant l'invention des baguettes en métal. On peut même se servir du corps humain pour faire de la radiesthésie. Cette technique est aussi vieille que l'humanité et implique normalement l'usage de baguettes ou de bâtons pour nous aider à trouver certaines choses. Avec de la pratique, tout le monde peut utiliser cette technique.

La radiesthésie est la forme ancienne de l'art de la *rhabdomancie*. Alors qu'ils semblaient perdre leur capacité à se servir de leur intuition, les humains se sont adaptés en utilisant des outils. La radiesthésie existe depuis aussi longtemps que l'écriture. Les Égyptiens et les Babyloniens de l'Antiquité utilisaient des roseaux séparés. On dit que l'art chinois du feng shui découle de la radiesthésie. Les Romains et les Grecs se servaient de cette technique, et les Juifs anciens eux-mêmes utilisaient la radiesthésie pour ses avantages. Les radiesthésistes allemands avaient réussi à localier des veines d'étain, ce qui leur a permis d'ouvrir des mines au XVe siècle. Malheureusement, au Moyen Âge, la radiesthésie a été soudainement associée au mysticisme et à l'occulte, et les radiesthésistes ont été accusés de sorcellerie et mis à mort.

Plus tard, les scientifiques ont établi qu'il existait un lien entre la radiesthésie et l'électricité. En Angleterre, la radiesthésie était acceptée comme participant à la culture populaire, tout comme le chuchotement des chevaux, le jetage de sorts et la divination par les pierres. Toutes ces coutumes étaient considérées très valables, et les gens se portaient garants de leur efficacité. Ainsi la radiesthésie n'a pas été rejetée comme l'œuvre du diable et elle a survécu en passant d'une génération à l'autre. Très souvent, les religions ont donné l'impression que ces choses étaient mauvaises, alors que l'on ne trouvait tout simplement pas d'explication scientifique à leur fonctionnement.

On a utilisé la radiesthésie pour trouver de l'eau souterraine, de l'or, des minéraux, de l'huile, des personnes disparues, des objets perdus et même des tombes non répertoriées. On peut également s'en servir pour lire l'énergie spirituelle et la santé en général. La radiesthésie nous offre simplement un outil à utiliser pour suivre fidèlement notre propre intuition et notre guidance innée.

L'utilisation des baguettes de radiesthésie dans une enquête sera similaire à l'utilisation d'un pendule. Dès que vous aurez établi dans quel sens les baguettes tourneront pour répondre « oui » et « non », vous pourrez poser les questions que vous voudrez. Un avantage additionnel à l'usage de baguettes, c'est qu'elles peuvent effectivement pointer dans la direction d'un fantôme. Si elles pointent vers la gauche et parallèles l'une à l'autre, allez à gauche. Continuez à suivre la direction des baguettes jusqu'à ce qu'elles se croisent – à ce moment-là, vous devrez sortir votre compteur EMF ou un autre appareil pour confirmer la présence d'un fantôme. Lorsque vous utilisez des baguettes de radiesthésie, un X marque l'endroit et indiquera le champ énergétique du fantôme ou de l'entité. On dit qu'Albert Einstein préférait utiliser la radiesthésie et qu'il aurait déclaré :

> Je sais parfaitement bien que de nombreux scientifiques considèrent la radiesthésie comme une forme

de superstition. Mais je demeure convaincu que cela est injustifié. La baguette de sourcier est un simple instrument qui montre la réaction du système nerveux humain à certains facteurs inconnus de nous à l'heure actuelle.

La planche Ouija

Bien que la planche Ouija ne soit pas un outil dont on se sert dans les enquêtes paranormales, ceux et celles qui se demandent ce qui hante leur demeure pourraient être tentés de s'en servir. La plupart des personnes qui cherchent à communiquer avec les esprits ne négligent aucune piste, et cela les conduit très souvent à utiliser la planche à parler aux esprits. De nombreux enquêteurs du paranormal blâmeront un « fantôme » du fait qu'un client utilise la planche Ouija, sans chercher d'autre cause possible. En fait, s'ils en voient une dans la maison, c'est habituellement ainsi qu'ils réagiront.

À mon avis, la planche Ouija n'est pas différente de tout autre outil de divination, incluant le pendule, les baguettes de sourcier, voire les signaux de votre propre corps (comme les picotements, la chair de poule ou les étourdissements). Les planches Ouija n'ont rien de mauvais. Dans le monde des esprits, nous avons tendance à attirer des énergies similaires à la nôtre — qui se ressemble s'assemble. L'efficacité d'un tel outil dépend de l'expérience de la personne qui s'en sert. Je ne crois pas que l'usage de la planche Ouija ouvre des portes vers le monde des esprits parce que ce monde existe tout autour de nous en tout temps, indépendamment de la planche.

Il est possible que quelqu'un s'amuse avec la planche Ouija pour trouver un peu d'excitation et pour attirer une entité perturbatrice. Il est aussi fort probable qu'elle obtiendra le même résultat si elle déclare son intention sans la planche. Les gens sont tourmentés par les mauvais esprits en tout temps. Les esprits attendent toujours qu'on leur porte attention ou qu'on établisse le contact, et ils tenteront d'entrer en communication, que l'on se serve ou pas d'un quelconque appareil. Cela étant dit, dans le monde des vivants, vous ne chercheriez pas à communiquer avec n'importe qui, et vous devriez suivre le même principe quand vous communiquez avec le monde des esprits. C'est vous le patron et c'est vous qui établissez l'intention.

Si l'utilisation de la planche Ouija vous inspire de la peur, ne vous en servez pas. La peur est un aimant puissant qui attirera à vous une énergie indésirable. Lorsque vous utilisez la planche, mieux vaut vous montrer respectueux. J'ai toujours eu de bonnes expériences lorsque j'ai utilisé la planche Ouija et je m'en sers avec la même révérence que lorsque je fais une guérison ou une lecture psychique avec les vivants. Allumez une chandelle et faites brûler de l'encens pour créer une vibration plus élevée, et déclarez votre intention de communiquer uniquement avec les esprits d'êtres chers à vibration élevée et dans votre meilleur intérêt. Si vous vous habituez à vous connecter aux esprits de cette manière, cela pourrait aussi vous aider à vous préparer à une communication directe. Au bout d'un moment, vous aurez l'impression qu'utiliser la planche Ouija équivaut à conduire dans la voie de droite, et vous vous apercevrez qu'il est beaucoup plus rapide d'établir un lien direct avec un esprit.

La divination

Certaines personnes utilisent les feuilles de thé pour lire l'avenir des gens. D'autres lisent dans les nuages ou les boules de cristal. Il y a de nombreuses façons de lire l'avenir, mais la technique que j'ai apprise venait d'un merveilleux professeur et médium, et elle est conçue pour voir les vies passées de votre vis-à-vis. Deux personnes s'assoient l'une en face de l'autre avec une chandelle allumée sur la table qui les sépare. Elles regardent l'autre dans les yeux (ou la région de l'arcade sourcilière) avec l'intention d'y voir d'autres lieux et d'autres temps. Laissez vos yeux se détendre et passez tranquillement à une image floue. Si l'un de vous a lu le livre *La prophétie des Andes*, vous vous souviendrez que lorsque vous portez votre attention sur une autre personne (ou animal, plante, etc.), cela rehausse effectivement son aura. Si vous êtes capable de voir les auras, vous pourrez voir l'aura s'illuminer et grandir à mesure que vous lui accorderez attention et amour. Nous construisons ou détruisons littéralement les champs énergétiques des autres à tout moment, en leur accordant ou en leur retirant notre attention. Si cette énergie est retournée à travers la concentration, la fréquence autour des deux sujets devient très élevée. J'en ai fait l'expérience, et si vous le faites pendant un certain temps (normalement de 10 à 20 minutes), le voile tombera pour que vous puissiez voir dans le monde des esprits. Il est très important de retenir l'énergie pendant qu'elle grandit en ne parlant pas et en ne bougeant pas. Vous pouvez cligner des yeux comme d'habitude, mais essayez de ne pas sursauter lorsque vous commencez à voir les visages des vies passées sur votre vis-à-vis. C'est une technique assez simple que tout le monde peut maîtriser.

Très souvent, j'ai vu les esprits d'êtres chers se superposer sur ou autour de mon vis-à-vis en gardant ma concentration. Plus vous vous exercerez à la divination, mieux vos yeux pourront « voir » dans le monde des esprits. Vous pouvez utiliser cette technique n'importe où, et elle est assez facile à effectuer sur place aussi. Comme toujours, entourez-vous de lumière afin d'attirer seulement des esprits et des expériences qui sont dans votre meilleur intérêt et où tous les autres seront protégés.

Les lampes de poche

N'oublions surtout pas la base ici. La plupart du temps, on chasse les fantômes la nuit. Cela ne signifie pas que les fantômes sortent seulement la nuit pour jouer, ceci signifie seulement que c'est plus facile de les photographier la nuit tombée. Les caméras à infrarouge ou à vision nocturne fonctionnent dans l'obscurité. L'activité spectrale peut se produire à n'importe quelle heure du jour et de la nuit. Les fantômes se feront parfois chahuteurs et ils éteindront les lumières durant une enquête. C'est toujours sage d'être préparé et d'avoir une lampe de poche sous la main. Les lampes de poche DEL sont très peu coûteuses et fonctionnent très bien sur le terrain. Tous les membres de mon groupe en emportent une. J'ai acheté la mienne pour environ 15 $ dans un magasin de fournitures du paranormal, et les autres membres du groupe se sont moqués de moi, parce qu'ils s'étaient procuré les leurs chez un détaillant de la région pour seulement 4 $.

Le sac d'équipement

Vous aurez peut-être besoin d'un sac pour transporter votre équipement ; cela dépend du nombre d'appareils électroniques que vous prévoyez utiliser ou apporter avec vous. On fabrique des nécessaires de voyage en toile avec plusieurs pochettes qui sont parfaits pour les enquêtes. Plus il y a de pochettes, mieux c'est, car vous pourrez garder vos outils séparément et ils seront faciles d'accès. La plupart des magasins de fournitures du paranormal vendent aussi des mallettes à couverture rigide doublées de caoutchouc mousse, que vous pouvez découper pour convenir à chaque appareil que vous transportez. Ce type de mallette est très solide et protégera votre équipement sur le terrain.

Les piles

Il faut que je parle des piles pour être bien sûre que vous ne négligez pas ce détail ! Tout le monde sait que la présence d'un fantôme peut épuiser vos piles. Vous devriez vérifier toutes vos piles avant de commencer une enquête, mais ne vous fiez pas seulement là-dessus. J'ai déjà vu tous mes appareils tomber en panne en même temps, même si j'avais pris la peine de les munir de piles neuves. Vous ne voulez pas être aux prises avec ce problème dans un endroit où il y a de l'activité, et c'est facile d'éviter cela avec une bonne quantité de piles de rechange !

Cahier de notes et crayon

C'est une fabuleuse idée que d'apporter un cahier de notes et un crayon pour documenter vos activités. Vous pourrez noter quels types de résultats vous obtenez dans différents endroits. C'est bien de noter l'heure de chaque activité ; comme cela, quand vous repasserez vos preuves plus tard, ce sera plus facile de retrouver un enregistrement. Écrivez tout ce que vous jugez important, comme les fluctuations de température, les bruits et les sensations. Pendant des années, j'ai tenu ce que j'appelle mon journal sur le paranormal. J'y ai inscrit la date et l'heure de toutes les apparitions que j'ai vues à la maison. En relisant mes notes, j'ai découvert que plusieurs des dates coïncidaient avec l'anniversaire d'êtres chers décédés. Mais le plus souvent, l'activité n'était rien de plus qu'un esprit qui s'arrêtait pour dire bonjour, et pas du tout un fantôme.

10
Enquêter sur vos fantômes

Pour ceux d'entre vous qui ont un fantôme chez eux, ce livre vous aidera à résoudre ce problème. Avant de commencer, j'ai d'autres questions à vous poser, et vos réponses nous aideront à déterminer à quoi vous avez affaire. Est-ce qu'une personne que vous connaissez est morte récemment ? L'activité a-t-elle débuté vers la date de sa mort, ou existait-elle bien avant ? Avez-vous déménagé ou effectué des rénovations majeures sur votre maison dernièrement ? Avez-vous acheté des articles usagés dans des encans ou chez un antiquaire, ou avez-vous hérité d'un parent ? Avez-vous eu un invité qui consomme des drogues récemment ? Est-ce que le contenu de vos rêves a changé de façon radicale ? Avez-vous perdu connaissance ou subi une chirurgie récemment ? Est-ce que la présence vous semble menaçante ou nuisible d'une certaine manière ? Pouvez-vous déterminer quand l'activité s'est produite pour la première fois.

Si vous avez vécu dans une maison pendant des années et que vous avez soudain commencé à entendre des choses étranges et inexplicables, il s'est passé quelque chose. Vous pouvez être le meilleur enquêteur pour vous-même, parce que vous savez ce qui se passe dans votre vie et que vous connaissez la vie de ceux qui vous entourent. C'est souvent en étant capable de reconnaître un incident ou son point de départ que l'on peut déterminer ce qui cause l'activité spectrale. Ce pourrait être qu'un des membres de la famille a rapporté quelque chose avec lui sans le savoir. Si quelqu'un que vous connaissez est mort, il se peut que son esprit tente simplement de vous dire au revoir. Ou peut-être que vos récentes rénovations ont exposé une énergie prisonnière de votre maison. J'ai connu plusieurs personnes qui ont découvert, en se réveillant après une chirurgie, qu'elles voyaient des choses qu'elles ne pouvaient voir auparavant. La capacité soudaine d'avoir des visions des esprits peut causer une certaine inquiétude, parce que cela vient sans mode d'emploi. La personne pourrait être tentée de remettre tout ce qu'on lui a enseigné en question, et cela mettra ses croyances à l'épreuve à tous les niveaux.

Si vous avez emménagé dans une nouvelle maison et que vous vous doutiez dès le départ que quelque chose n'allait pas, il y a de bonnes chances pour que l'activité ait quelque chose à voir avec la propriété ou la maison elle-même. Si vous en êtes le propriétaire, vous n'aurez aucun mal à suivre la trace des documents concernant les propriétaires précédents. Vous devriez être en mesure de déterminer s'il y a eu des morts sur la propriété. Des morts naturelles, aussi bien que tragiques ou prématurées, peuvent contribuer à une activité spectrale. Rappelez-vous que chacun est libre de choisir en mourant et peut décider d'entrer dans la lumière ou de rester derrière.

De nombreuses personnes réagissent par la peur devant un fantôme et croient que c'est une présence diabolique et non un fantôme. On peut rencontrer un fantôme qui ne veut tout simplement pas voir quelqu'un d'autre vivre chez lui, ou qui n'aime pas les femmes, les hommes, les enfants ou les animaux. Un fantôme peut être un peu menaçant, sans pour autant être mauvais. Vérifiez bien l'état émotionnel de votre famille pour vous assurer que personne n'alimente le fantôme ou l'entité par la peur. Assurez-vous également que personne n'est émotionnellement affecté par le fantôme. Vérifiez si quelqu'un dans votre famille devient soudain irrationnellement colérique ou léthargique.

S'il vous arrive de noter des faits bizarres relatés dans certains types de journaux, vous remarquerez peut-être qu'une apparition se produit exactement à la même heure ou dans la même pièce de la maison. Il est bon de savoir si le fantôme est une empreinte ou plutôt un invité interactif et possiblement perturbateur. Si vous suspectez que certains coins de la maison sont plus actifs, ce sont ceux que vous devriez observer. Vous pouvez recueillir les PVE pour pouvoir discerner quel type de fantôme est présent et s'il est capable de communiquer. Comme dans toute communication avec les esprits, pensez à dire une prière de protection avant d'entrer en contact avec le fantôme (voir chapitre 13). Une fois la séance terminée, déconnectez votre énergie et purifiez l'endroit avec une prière de clôture. N'importe quelle prière que vous choisirez fera l'affaire ; vous pourriez aussi en inventer une. L'objectif est de refermer le lien de communication et de mettre fin à toute connexion énergétique entre vous et le fantôme.

Si vous n'êtes pas intéressé à recueillir des preuves et que vous voulez seulement que le fantôme s'en aille, vous pouvez le faire sans savoir de qui il s'agit ou ce qu'il veut.

C'est votre maison maintenant, alors ne vous dites pas que vous devez enquêter sur le fantôme. La plupart des gens préfèrent savoir comment et pourquoi leur maison est hantée et par qui, histoire de prouver qu'ils ne sont pas fous de voir et de sentir des choses comme ils le font. Il n'est cependant pas nécessaire d'enquêter sur le fantôme si vous voulez seulement l'aider à traverser de l'Autre côté (voir chapitre 5).

Établir des limites

Si vous avez recueilli des PVE, il ne faut pas les faire rejouer après que la maison a été purifiée. Cela pourrait en effet inciter les entités à revenir, en particulier si vous faites rejouer les PVE sans arrêt, ou s'il s'est créé une sorte de lien émotionnel en les écoutant. Vous pourriez les écouter beaucoup plus tard, mais le meilleur conseil que je peux vous donner est de ne plus jamais les faire rejouer. Si vous voulez partager cela avec un ami, éloignez-vous de la maison pour les écouter.

Si vous passez beaucoup de temps à regarder les émissions de télé sur les fantômes, à lire des livres sur les fantômes, à tenir des séances ou à essayer de communiquer avec les esprits, il y a des chances pour que vous vous connectiez à quelque énergie spectrale. Il importe par conséquent d'établir certaines limites avant de commencer. Si vous désirez aider les fantômes à traverser de l'Autre côté, mais que vous ne voulez pas subir le drame que cela implique d'avoir des fantômes autour de vous, dites-leur quand ils peuvent venir vous voir. Fixez une heure de la journée où vous serez disponible pour les aider, de sorte qu'ils n'empiètent pas sur votre vie quotidienne. Après leur avoir consacré quelques minutes, reprenez vos occupations.

Les fantômes ne sont généralement pas admis dans ma chambre. Il fut un temps où ils entouraient mon lit la nuit, et ils étaient la première chose que je voyais à mon réveil, plantés là, attendant que je leur vienne en aide. Ils ont même essayé, à certains moments, d'entrer dans mon corps.

Heureusement, je suis si accoutumée à effectuer le travail que je fais dans les dimensions spirituelles, que même en dormant j'évince des entités et fais traverser des fantômes perturbateurs. C'est un peu comme une serveuse qui continue à servir des verres dans ses rêves. Cependant, tout mon travail se fait dans la dimension spirituelle, il est donc normal que je continue de travailler durant la nuit. Mon mari et ma fille m'ont tous les deux déjà réveillée en m'entendant faire des bruits étranges dans mon sommeil. Quand je me réveille et que je me souviens de tout, je vérifie toujours deux fois pour m'assurer que mon travail était précis et complet. Cela s'est produit suffisamment souvent pour que je fasse confiance au processus maintenant.

Je n'ai pas mis beaucoup de temps à établir mes limites et à décider qu'aucun fantôme n'avait plus la permission d'entrer dans ma chambre. C'est simple d'établir des limites. Il suffit de dire dans votre tête ou à haute voix :

> *Les fantômes et autres entités à basses vibrations doivent rester hors de ma maison. J'invite qui je veux à me rendre visite, et vous n'êtes pas invités. Ma chambre vous est interdite. Mon corps vous est interdit. Ma maison vous est interdite. Merci.*

Vous êtes le patron et c'est vous qui établissez les règles. Il est souvent facile de maîtriser soi-même un fantôme, pourvu que le propriétaire de la maison comprenne qu'il a le pouvoir de le faire.

11
Les groupes d'enquêteurs du paranormal

Maintenant que vous avez la formation et les connaissances pour vous débarrasser d'un fantôme, vous vous demandez peut-être si ce serait bien pour vous de travailler avec un groupe du paranormal. La majorité des enquêteurs du paranormal ont eux aussi déjà eu des fantômes à la maison. Il semble que les personnes attirées par le travail sur le paranormal sont celles qui ont fait l'expérience directe du monde des esprits. Certains ont perdu leur amour et cherchent à comprendre ce qu'il y a après la mort. D'autres ont rencontré un fantôme, et d'autres encore ont effectivement vécu dans des maisons hantées. Il est normal de s'intéresser davantage au paranormal lorsque l'on a vécu des phénomènes qui demeurent inexplicables. Il est aussi courant qu'une personne réussisse à vaincre un fantôme et cherche ensuite à aider ceux et celles qui sont aux prises avec le même problème.

Les groupes d'enquêteurs du paranormal se sont multipliés ces dernières années, au point que chaque État américain compte plusieurs groupes différents et que vous avez l'embarras du choix. Il n'y a pas si longtemps, les fantômes étaient un sujet tabou. Maintenant, de nombreux groupes paranormaux sont là pour aider le public à comprendre pourquoi des habitants invisibles résident chez eux. Ces femmes et ces hommes se consacrent au travail avec les morts et offrent souvent leurs services gratuitement. Pensez aux longues heures que cela exige, aux coûts de transport et à l'investissement nécessaire pour acheter les appareils dont on se sert sur le terrain. Les enquêteurs du paranormal sont totalement dévoués aux services qu'ils offrent, cela ne fait pas de doute. Si vous songez à vous joindre à un groupe, il importe de trouver celui qui vous convient. Il existe en fait trois types de groupes.

Certains groupes d'enquêteurs du paranormal se concentrent strictement sur la recherche et s'occupent de documenter les preuves par des moyens scientifiques, afin de prouver l'existence des fantômes. Leurs recherches impliquent souvent de retourner plusieurs fois sur les lieux de l'activité paranormale pour rassembler le plus de preuves possible. Ils noteront par exemple une augmentation inexpliquée de l'activité quand ils utilisent des lumières bleues plutôt que des lumières vertes ou rouges dans une pièce. Ils noteront la température, les taux d'humidité et les phases lunaires d'une enquête, afin d'établir des schémas. Ils chercheront les différentes combinaisons des choses qui déclenchent des réponses plus actives que d'autres. Les groupes de recherche aident à faire avancer le domaine du paranormal avec leur approche scientifique impartiale.

D'autres groupes d'enquêteurs du paranormal utilisent différentes méthodes de communication qui seraient considérées moins scientifiques en termes de preuves. Ces groupes se composent de médiums et d'intuitifs d'expérience, qui peuvent lire intuitivement l'environnement et découvrir la cause d'une activité spectrale. Bon nombre de ces groupes qui comptent des médiums et des intuitifs utilisent également une instrumentation scientifique pour documenter leurs preuves. Il serait fréquent, dans ce type de groupe, que la partie intuitive de l'équipe arrive sur les lieux sans rien savoir de l'endroit ou de l'activité qui y a été détectée. Ils feraient d'abord le tour du propriétaire afin de trouver les « points chauds » où il y a beaucoup d'activité, et alerteraient l'équipe sur leurs impressions concernant cet emplacement. Ils peuvent rencontrer un fantôme ou un esprit qui est prêt à communiquer avec eux, puis documenter leur conversation par écrit. L'intuitif sert en quelque sorte de guide au reste de l'équipe et il peut rendre la capture des preuves recherchées plus probable, en leur indiquant où installer leurs caméras et dans quel sens mener l'enquête. C'est vraiment excitant lorsque l'intuitif leur rapporte ce que le fantôme veut leur communiquer, tout en recueillant la même information sur les gadgets scientifiques à l'aide des PVE, de la Spirit Box ou de l'Ovilus.

Le groupe d'enquêteurs précédent a donné naissance à un différent type de groupe du paranormal. L'étape qui suit tout naturellement lorsque l'on enquête sur un fantôme, consiste à purger l'environnement et à libérer les esprits qui y sont prisonniers. En effet, certains groupes sont des passeurs spécialisés qui aident les fantômes à traverser de l'Autre côté. J'ai eu le plaisir de travailler avec les trois types de groupes d'enquêteurs, mais je suis plus attirée par ce dernier. Je travaille tout le temps avec les esprits dans ma vie quotidienne, et mes talents de guérisseuse me permettent de faire passer les esprits et de travailler à la guérison des deux côtés du voile. En raison de ma formation de guérisseuse, je pourrais entendre des PVE dire seulement « Peux-tu m'aider ? » plusieurs fois avant de sentir le besoin de faire quelque chose pour eux. Je prie pour que plus de groupes décident d'opter pour cette spécialisation du travail avec le monde des esprits, car je sens que c'est la seule façon que nous avons d'aider vraiment ceux et celles – morts et vivants – qui sont dans le besoin. Travailler dans cette perspective mène à une compréhension plus poussée du monde des esprits, et il est impossible que cela ne change pas votre façon de voir la vie.

Aider les victimes d'un fantôme

Quand il y a un fantôme dans une maison, toute la famille traverse une période particulièrement effrayante. En tant qu'enquêteur du paranormal, vous devrez être sensible à ce qu'ils vivent. Vous amorcerez votre enquête avec l'expérience nécessaire pour soutenir vos connaissances, mais la famille n'en a peut-être pas du tout. Ou pire, ils pourraient savoir uniquement ce qu'ils ont vu dans les films, ce qui risque d'augmenter considérablement leurs craintes. En tant que professionnel, il vous faudra répondre aux besoins de la famille et leur expliquer les choses de façon à ce qu'ils puissent comprendre. Il se peut qu'ils ne comprennent pas le jargon du domaine paranormal relatif à l'équipement, ou qu'ils ne sachent pas grand-chose du monde des esprits en général, alors résumez les choses simplement et succinctement. Quoi que vous fassiez, veillez bien à ne pas engendrer encore plus de peur dans une situation déjà très chargée. Il importe de dire la vérité, mais faites-le de manière à rassurer votre client.

Chaque fois que vous vivez quelque chose de nouveau dans le domaine du paranormal, vous augmentez vos connaissances. Avec ces connaissances vient la sagesse. Ne vous attendez pas à tout savoir dès votre première enquête, et ne vous fustigez pas si vous avez fait une erreur en débutant. Mais, si vous êtes un enquêteur chevronné, vous devriez être tenu responsable d'une enquête du début à la fin.

Parlons maintenant de certaines informations erronées qui alimentent la peur que le public a de l'inconnu.

Il n'y a rien de pire que de sentir que vous avez besoin d'une aide spirituelle et de ne pas réussir à en trouver. Ce n'est pas le genre de chose que l'on peut demander à son voisin ! Une famille qui cherche de l'aide désespérément aura probablement essayé plusieurs choses pour chasser un fantôme avant de contacter une équipe du paranormal. De nos jours, la plupart des gens vont en ligne et cherchent des réponses dans Google. Mais qui sont ceux qui offrent ce genre de service et quel genre de formation ont-ils ? Si vous tapez « comment faire traverser un fantôme » dans Google, vous trouverez des tas d'informations erronées, telles « Dites-lui d'aller dans la lumière. » À l'évidence, cela n'a pas été écrit par quelqu'un qui peut voir dans la dimension spirituelle, car s'il le pouvait, il saurait qu'il n'y a pas de lumière.

Sans revoir le chapitre 5 au complet, « Aider les fantômes à traverser de l'Autre côté », il est bien de le répéter : un fantôme n'a pas accès à la lumière ; c'est pour cette raison qu'il est prisonnier ici-bas et qu'il n'est pas à sa place. Si une personne qui rencontre un fantôme lit cette fausse information, il est probable qu'elle se sentira encore plus impuissante après avoir essayé et avoir échoué. L'activité pourrait même empirer, et l'individu vulnérable et effrayé pourrait finir par craquer et appeler un prêtre. Mais il n'est pas certain que le prêtre pourra l'aider. J'ai connu des gens qui avaient un immense besoin de protection spirituelle, et l'Église a refusé de les aider parce qu'ils ne faisaient pas partie de leurs fidèles paroissiens.

La bonne nouvelle, c'est qu'avec un peu de pratique, n'importe qui peut vider une maison de ses fantômes sans aide. J'avais plusieurs raisons d'écrire ce livre, dont une était d'aider les gens à naviguer sans crainte dans le monde des esprits. Quand on sait à quoi on a affaire et que l'on comprend les lois spirituelles, il n'y a pas de raison de s'inquiéter.

Les médiums peuvent être une addition très utile dans une équipe du paranormal, parce que ce sont eux les passeurs de fantômes. Le médium jouera le rôle de l'intuitif ; il effectuera l'approche initiale et le passage final. Je dois admettre qu'il est parfois frustrant de regarder les émissions où des gens qui travaillent dans mon domaine font de la désinformation. C'est à la télé que j'ai vu une médium faire peur à d'innocents propriétaires au point de leur faire vendre leur maison, parce qu'elle ignorait comment faire passer les fantômes et autres entités. Dans une autre émission, un homme disait aux victimes d'un fantôme que le problème était causé par un objet dans leur maison. Il a alors pris l'objet en question et l'a ajouté à sa collection. Sans blague ! Comme nous le savons maintenant, il est simple et facile de purger une maison, un terrain ou un objet inanimé. J'espère que ces émissions passaient uniquement pour les cotes d'écoute et que leurs invités ne travaillaient pas vraiment de cette façon.

Après avoir purgé une maison de toute énergie indésirable, il est important de parler à la famille. Vous devriez avoir découvert la raison de la présence du fantôme, ce qui est une bonne information à révéler à la famille.

Hanté par un fantôme inconnu

Si vous avez quelque chose en commun avec un fantôme, il peut arriver qu'il s'attache à vous et qu'il vous suive jusque chez vous. Cela lui donne l'impression d'être encore vivant, mais, bien sûr, c'est injuste pour vous. Si vous êtes peintre, vous pourriez attirer un autre artiste, ou si vous aimez lire, vous pourriez attirer un écrivain.

Il y a eu des cas où une maison était hantée par quelqu'un qui n'y avait jamais habité. Ce type de spectre peut être extrêmement mobile et difficile, voire impossible à trouver. Avec ce genre de fantôme, vous devrez peut-être compter sur l'intuitif de votre équipe et sur cette unique preuve.

UN VOISIN FANTÔME

Une fois, nous avons rencontré le fantôme d'un vieillard dans une maison où nous menions une enquête. Il n'avait jamais habité là, mais il avait vécu et était mort dans la maison voisine. Sa famille a fini par déménager et il errait chez le voisin où il avait élu domicile, pour ainsi dire. Ce phénomène est assez fréquent. Si vos recherches historiques ne vous mettent pas sur la piste de votre fantôme, élargissez

> vos recherches en commençant par le voisinage rapproché et travaillez à partir de là. Quand nous avons donné une description détaillée du vieil homme que nous avions rencontré, les propriétaires de la maison ont immédiatement su de qui il s'agissait. Nous avons effectué une guérison pour que son esprit augmente sa vibration, puis nous l'avons aidé à passer de l'Autre côté. Il revient parfois les visiter en esprit, mais il ne peut plus drainer l'énergie des vivants.

Si vos clients ont invité le fantôme chez eux par inadvertance, il faudra leur dire de ne plus le faire quand le fantôme aura traversé. Cela pourrait être causé par un enfant qui souhaite avoir un fantôme pour jouer, tout simplement. On peut aussi attirer un fantôme à force de solitude ou parce que l'on a besoin d'excitation ou de drame. Parmi ceux qui regardent les émissions d'enquêtes sur le paranormal, il y en a plusieurs qui fantasment en pensant que ce serait génial d'avoir un fantôme, puis ils en attirent un et ne savent plus quoi faire avec. D'autres fois, les fantômes apparaissent de façon aléatoire, et c'est pourquoi tout le monde devrait apprendre à protéger sa maison au plan énergétique et à faire passer les fantômes de l'Autre côté.

Le protocole d'enquête

Nombreux sont ceux qui se lancent dans une enquête sans savoir comment conduire une enquête. Ils sont obligés de passer au crible des heures de PVE contaminés, parce que d'autres membres du groupe parlaient pendant que la bande tournait. Si plusieurs personnes se disputent la même fonction, cela peut créer de la confusion et donner des résultats décevants. Même si tous les membres du groupe sont d'égale valeur, il faut qu'il y ait un chef. En principe, ce devrait être la personne qui a le plus d'expérience dans le domaine du paranormal et qui peut assurer la stabilité de l'équipe dans des situations très chargées. Vous sauverez temps et efforts si vous prenez l'habitude de respecter un certain protocole en travaillant avec une équipe d'enquête du paranormal.

Chaque enquête est une aventure et devra être parfaitement planifiée. Vous devriez désigner un membre de l'équipe qui se concentrera sur la recherche des lieux à enquêter. Il parlera aux propriétaires, demandera à la personne responsable de faire évacuer les lieux, et fixera une date pour l'enquête. Le plus souvent, cette personne ne sera pas un intuitif. (L'intuitif dans votre équipe ne devrait pas être mis au courant à l'avance de l'enquête.) Néanmoins, la personne qui établit le programme est très importante pour la survie du groupe. Elle fonctionne au sein du groupe comme une sorte de lien avec le monde extérieur et s'occupe de la couverture médiatique. Ce sera à elle de diriger les autres vers des cas où ils pourront vraiment aider les clients, tout en y prenant plaisir. Disons les choses comme elles sont : bien que ce travail soit important, vous le ferez probablement gratuitement. Mieux vaut donc adorer ce travail et vous amuser, sinon, il est sans doute préférable de remballer vos choses et de rentrer chez vous.

Il faut du temps et de la persévérance pour faire une bonne recherche historique sur une propriété hantée. Je vous conseille donc de confier cette tâche à un coéquipier qui sait effectuer une recherche en bibliothèque. La plupart des informations seront accessibles à tous. J'ai trouvé ce que je cherchais en utilisant les microfilms de la bibliothèque publique, en discutant avec les historiens des municipalités et en allant consulter les relevés de taxes à la cour de justice. Plus vous aurez de renseignements, mieux vous serez préparé quand vous entrerez dans un lieu hanté.

Avant de partir pour une enquête, il faudra que quelqu'un vérifie le sac d'équipement et s'assure qu'il ne manque rien. Un spécialiste des appareils peut s'assurer qu'ils sont tous en bon ordre de fonctionnement. Les cartes mémoire pour les appareils photos numériques devraient être vides et prêtes à l'usage, et tous les dispositifs devraient être complètement chargés, sans oublier les piles de rechange.

Assurez-vous que des personnes extérieures à votre groupe savent où vous allez. Autrement dit, pour votre sécurité, notez bien l'adresse et le contact pour chaque site où vous allez enquêter. Dans le cas où il se passerait quelque chose, surnaturel ou pas, ce sera facile de vous retracer. Soyons clairs : la majorité des enquêtes se font la nuit, et vous risquez de vous retrouver dans des endroits où les téléphones cellulaires ne fonctionnent pas.

Dès votre arrivée sur les lieux, vous devriez dire une prière de protection en groupe. C'est une bonne idée d'établir cette connexion avec les membres de votre équipe afin de pouvoir vérifier les changements qui pourraient s'opérer en eux durant la nuit. Si quelque chose s'attache à l'un de vos coéquipiers, vous verrez la différence sur-le-champ et serez en mesure de régler le problème. Sur le terrain, vous êtes plus que les yeux et les oreilles de chacun; vous êtes tous des protecteurs spirituels pour les autres.

Il n'est pas conseillé que la famille ou le client soit présent durant l'enquête. Si le responsable de l'horaire a bien fait son travail, il leur a déjà parlé et a documenté l'activité en cours. Le temps est venu de faire votre travail. Laissez l'intuitif du groupe faire le tour du propriétaire et vous guider dans la maison. Suivez son avis quant aux endroits où il éprouve ou ressent une activité paranormale. Il faut que l'équipe ait une confiance aveugle dans l'intuitif pour se plier à ses directives, mais de toute façon, la confiance est fondamentale au sein d'une équipe gagnante. Vous voulez être sûr que les personnes avec qui vous vous engagez peuvent vous protéger et qu'elles le feront. S'il y a un maillon faible, cela peut compromettre tout le groupe. Un des membres de l'équipe devrait noter ce que reçoit l'intuitif et marquer les emplacements des points chauds apparents pour l'enquête.

Vous pouvez effectuer des lectures EMF de base pendant que l'intuitif fait le tour du propriétaire. Ce travail devrait être effectué par trois personnes : l'intuitif capte toutes les impressions psychiques de l'endroit ; le technicien prend des lectures de base, et l'autre note tout ce que les deux autres disent de pertinent.

Après l'étape du repérage, l'équipe sera en mesure de produire un plan de match des enquêtes de la nuit. Si vous avez apporté des caméras à détecteur de mouvement ou des appareils de surveillance vidéo, l'équipe technique pourra alors procéder à leur installation. Certains groupes installent une station de base où ils peuvent surveiller plusieurs ordinateurs à la fois, pendant que le reste de l'équipe mène l'enquête. Si votre groupe utilise une station de base, c'est le moment d'installer les fils électriques dans tous les coins qui seront sous surveillance. Assurez-vous de bien fixer les fils au plancher, afin que personne ne trébuche dessus dans le noir. Si vous pouvez, arrangez-vous pour que les fils longent les murs au lieu de les laisser au milieu du couloir !

Si votre équipe n'est pas habile avec l'équipement technologique, ne vous en faites pas. Vous découvrirez quand même des coins sur lesquels les enquêteurs pourront se concentrer, et vous pourrez préparer ces endroits en déplaçant les objets sur lesquels ils risqueraient de trébucher. Vous voudrez savoir si les fenêtres et les portes sont ouvertes ou fermées, et s'il y a des choses qui pourraient compromettre l'enquête plus tard, comme un hamster vivant dans un placard ! Vérifiez s'il y a des animaux et des appareils électroniques qui produisent des bruits incongrus ; vous saurez ainsi que ce n'est pas un bruit surnaturel au beau milieu de la nuit.

Si vous voulez enquêter dans l'obscurité, c'est le temps d'éteindre les lumières ! Vous voudrez peut-être commencer par une séance de PVE dans un des points chauds. Présentez-vous aux fantômes et n'essayez pas de les provoquer. Chaque fantôme a un jour été l'être cher de quelqu'un. Traitez le fantôme comme s'il s'agissait d'un de vos proches défunts. Cette approche vous vaudra des expériences plus enrichissantes avec le monde des esprits. Soyez respectueux et vous aurez plus de chances d'établir une bonne communication et de recueillir des preuves intéressantes, au lieu de vous faire lancer des objets et de vous retrouver en plein chaos. Les fantômes utilisent toute l'énergie qu'ils peuvent trouver pour communiquer, ce qui signifie qu'ils peuvent aussi utiliser votre énergie. Quand une équipe inexpérimentée les provoque en les menaçant, en les insultant ou en criant, les fantômes peuvent utiliser cette énergie contre vous. Ces types d'enquête deviennent complètement erratiques et peuvent mettre vos collègues enquêteurs en danger. Nous appelons cela enquêter de façon irresponsable.

Une courte séance de lancement de PVE est idéale pour voir si un fantôme est présent et prêt à communiquer avec vous. L'expression séance de lancement signifie que vous devriez poser seulement trois questions, espacées d'environ cinq à dix secondes. Écoutez votre enregistrement pour voir si vous avez reçu une réponse. Continuez les séances de lancement dans différents coins de la maison, jusqu'à ce que vous ayez établi un contact. Un de vos enquêteurs pourrait prendre des photos à ce moment-là.

Vous pouvez utiliser des objets déclencheurs si vous avez certaines informations concernant le fantôme. Par exemple, si vous croyez que le fantôme est un enfant, vous pouvez utiliser un jouet ou un ballon comme déclencheur pour établir le contact. Si vous laissez un objet déclencheur dans une pièce sous surveillance, assurez-vous de marquer le plancher à l'endroit où vous avez placé l'objet. Ainsi, si l'objet bouge, ce sera sur la vidéo et vous pourrez vérifier la distance parcourue. Un objet déclencheur pourrait être n'importe quoi provenant de l'époque où la personne a vécu, ou un objet personnel dont elle raffolait. Nous avons même servi d'objets déclencheurs, en portant des vêtements de l'époque, afin de reconstituer un spectacle dans un théâtre hanté. Si vous vous servez de votre imagination, vos enquêtes pourraient se révéler très enrichissantes. Mais ne faites jamais une chose qui vous met mal à l'aise lors d'une enquête.

Quand votre équipe aura fini d'enquêter, vous pourrez tout remballer. Je vous en prie, montrez un peu de respect envers les fantômes et remerciez-les d'avoir communiqué avec vous. S'il y a dans votre équipe un passeur efficace, c'est le temps de faire passer les fantômes de l'Autre côté. Je recommande que chacun y participe de manière non intrusive. Tous les membres de l'équipe devraient rester assis en silence et accumuler leur énergie en méditant. Le passeur pourrait avoir besoin d'accéder à l'énergie collective du groupe pour faire traverser le fantôme. Personne ne doit parler ni faire de bruit. Soyez respectueux ! Laissez le temps au passage de se faire, et purgez l'endroit de toute énergie résiduelle. Dites à la famille ou au client qui ont pu enregistrer des PVE, qu'ils ne devraient jamais les écouter dans la maison.

ENREGISTREMENT D'UNE ENTITÉ NOIRE

Une cliente a enregistré une entité noire qu'elle entendait parler à travers les ronflements de son mari la nuit. Elle m'a apporté l'enregistrement pour que je l'écoute. J'ai entendu une voix caverneuse et menaçante dire : « Va te faire f… » et « Je te hais », exactement comme elle me l'avait raconté. Avec la permission de son mari, j'ai procédé à une guérison sur lui et j'ai chassé l'entité noire. À la fin, son mari s'est senti en paix et très calme. Il a ajouté que même la maison paraissait plus lumineuse.

> Soulagée, ma cliente est sortie dans le hall d'entrée et a commencé à faire jouer l'enregistrement à ses copines. Tout le monde avait la chair de poule, car la voix était particulièrement sinistre. Pendant un moment, elles se sont toutes laissées emporter dans le drame et ont fait rejouer l'enregistrement plusieurs fois de suite. Je lui ai alors conseillé de détruire la bande et de ne plus jamais la faire jouer. Tout de suite, elle a éjecté la cassette du magnétophone, mais trop tard. Le magnétophone s'est mis à démarrer et à s'arrêter tout seul. L'énergie de l'entité s'était attachée de nouveau, comme si on l'avait rappelée à force de l'écouter. Nous avons dû effectuer une autre guérison sur le magnétophone et renvoyer l'entité une autre fois.

L'énergie est réelle. En tant qu'enquêteur du paranormal, vous devrez peut-être renseigner vos clients sur la façon de garder leur maison à l'abri de toute énergie indésirable. À la fin de l'enquête, c'est bien de partager les événements de la nuit avec les clients, discrètement. Dites-leur que vous allez revoir les preuves et informez-les si vous avez capté autre chose. C'est une excellente façon de rétablir le contact avec les clients pour vérifier si tout est rentré dans l'ordre. Il est très courant de voir l'activité augmenter après une enquête typique. Cependant, si vous faites traverser des fantômes et que vous purifiez la maison, l'endroit devrait être calme. Si les propriétaires se sont attachés à l'excitation entourant l'activité et les farces anticipées du fantôme, vous aurez peut-être besoin de leur coopération pour éliminer les fantômes pour de bon. Ils devront cesser d'alimenter le fantôme en énergie et ils pourraient apprendre comment faire passer les fantômes qu'ils rencontrent. Comme je l'ai mentionné plus tôt, les gens rapportent tout le temps des trucs à la maison. Si l'équipe d'enquêteurs purifie la maison et qu'elle est à nouveau infestée d'activité surnaturelle, il s'agit fort probablement de nouvelles entités. Les propriétaires doivent assumer la responsabilité de ce qu'ils laissent entrer chez eux, et ils devraient apprendre à purger leur énergie.

Bien sûr, vous aurez aussi des clients qui veulent vérifier une activité spectrale parce que cela pourrait leur rapporter gros. Dans ces cas-là, vous chercherez seulement à recueillir des preuves de la présence de fantômes. Bien que l'on puisse y voir un choix éthique, sachez que si vous n'êtes pas d'accord, vous pouvez confier la tâche à un autre groupe. N'ayez pas peur de peser le pour et le contre ; il suffit de dire clairement quel type de travail vous voulez effectuer lorsque vous enquêtez, et de vous y tenir.

Beaucoup de gens adorent visiter les lieux hantés. Partout dans le monde, il y a des châteaux, des auberges et des champs de bataille hantés qui attirent un nombre impressionnant de visiteurs chaque année. J'aime visiter les lieux hantés aux quatre coins du monde, et je n'aimerais pas priver les autres de ce plaisir en leur imposant mes propres croyances. Donc, souvenez-vous simplement de faire ce que vous pouvez pour vos clients et de respecter leurs vœux. Les lieux hantés servent aussi l'humanité, car ils continuent de nous enseigner, nous et les générations futures, la vie après la mort et même un peu d'histoire !

Bien, votre équipe a tout emballé et vous êtes prêts à partir… je recommande de fermer le cercle à ce moment-là. Chaque enquêteur aura ainsi la chance de scruter le groupe pour s'assurer que tout le monde est libre de tout attachement. Vous remarquerez parfois qu'un membre de l'équipe devient réellement négatif durant une enquête. Si cela se produit, cessez toute activité immédiatement et procédez à une guérison sur cette personne, ou faites-la sortir de la propriété. Vous pourriez emporter de l'eau bénite dans votre sac d'équipement pour parer à ce genre de situation. C'est rare, mais cela peut arriver. Restez avec ce coéquipier jusqu'à ce qu'il soit revenu à la normale avant de reprendre l'enquête. Un cercle ou une prière de clôture vous donne une dernière chance de vérifier votre équipe et de vous assurer que personne ne traîne d'attachement avant de partir. Nous remercions toujours le monde des esprits de nous permettre de travailler avec eux dans le but de prouver qu'il y a bien une vie après la mort. Nous leur disons (s'ils n'ont pas pu traverser) qu'ils n'ont pas la permission de rentrer avec nous.

Si vous oubliez de faire un cercle de clôture, vous pourriez vous apercevoir que vos équipiers ont des pneus crevés sur le chemin du retour, qu'ils deviennent somnolents au point de s'endormir au volant, qu'ils ont des accidents de voiture, ou qu'ils se disputent avec leurs proches en rentrant à la maison. En effet, certains membres emportent le fantôme chez eux, ce qui peut affecter négativement leur famille, leur santé et leurs finances. Le cercle de clôture est une étape essentielle dans la gestion d'une enquête paranormale.

Nous faisons ce travail pour apprendre. Nous faisons ce travail pour explorer l'inconnu. Les enquêtes paranormales sont une aventure. Mais n'oublions pas que nous pourrions un jour être les fantômes que nous chassons. Soyons toujours respectueux envers eux sur le terrain, et aidons autant de fantômes que possible à trouver le chemin du retour au bercail.

12
Rencontres fantomatiques bizarres

Travailler avec le monde des esprits a été une extraordinaire aventure qui a enrichi mon expérience de vie de plusieurs façons. Il n'y a pas de limites à ce que les fantômes et les esprits peuvent nous enseigner. J'ai compilé plusieurs de mes expériences personnelles pour les partager avec vous. Il est parfois plus facile d'apprendre à connaître les fantômes et les esprits à travers des histoires vécues. La lecture de ce chapitre vous aidera à parfaire vos connaissances et vos talents afin de discerner les influences invisibles qui vous entourent. Gardez l'esprit ouvert, car toutes ces rencontres étranges sont vraies.

Le cimetière hanté

J'ai été élevée près d'un secteur boisé qui était habité par des fermiers très pauvres dans les années 1800. Cette forêt était parsemée de sentiers que nous empruntions à cheval, et nous avions appris à connaître chaque colline et chaque détour pour pouvoir éviter les branches basses. Mon cheval aimait tout de cette forêt, à l'exception d'une petite colline près du cœur des sentiers. La colline était à un carrefour où toutes les pistes suivaient différentes directions. Le sentier menant au sommet de la colline était quasi impossible à pratiquer avec ma jument. Elle faisait un pas de côté et en arrière pour me signifier qu'elle voulait rester en bas du sentier. En insistant un peu, elle grimpait peu à peu la pente en balançant sauvagement la tête d'avant en arrière, et je pouvais voir du blanc autour de ses yeux m'indiquant que quelque chose l'effrayait. Nous disions toujours de cette jument qu'elle avait un « esprit élevé » parce qu'elle était très sensible à ce qui l'entourait. Finalement, nous avons compris la raison de son comportement le jour où nous avons découvert un cimetière caché au sommet de la colline.

Complètement recouvertes d'herbes depuis plus d'un siècle, il y avait trois pierres tombales en calcaire, impossibles à voir du sentier. Cette découverte a marqué le début de ma fascination pour les cimetières des pauvres, et j'ai passé des heures incalculables à essayer de mettre un nom sur ceux qui avaient été oubliés là. C'est environ 20 ans plus tard qu'un historien de notre ville a estimé qu'il y avait plus de 70 corps enterrés dans des tombes anonymes sur la colline. Adulte, j'ai revisité le site et j'ai recueilli des PVE, des orbes et plusieurs impressions intuitives, pour découvrir ce que mon cheval, lui, avait toujours su. Ce cimetière était hanté et il pouvait voir les fantômes au sommet de la colline.

Les fantômes qui étranglent les vivants

J'habitais dans une maison hantée, il y a plusieurs années, quand j'ai été étranglée par un fantôme. C'est arrivé au plus fort d'une activité, juste après qu'un groupe du paranormal soit venu valider une présence fantomatique dans ma maison. Je dormais dans mon lit à côté de mon futur mari, et je me suis réveillée avec l'impression de ne plus pouvoir respirer. C'était littéralement comme si un objet très lourd m'écrasait la poitrine, pendant que des phalanges fantomatiques m'enserraient la gorge. J'ai rejeté les couvertures et je me suis redressée dans le lit, en m'efforçant de reprendre mon souffle, puis j'ai couru à la salle de bain pour m'asperger le visage d'eau froide. Quand je suis retournée dans mon lit, enfin capable de parler, j'ai raconté ce qui m'était arrivé à mon fiancé. La question des fantômes était encore nouvelle pour lui, et il a tenté de me rassurer en y mettant plus ou moins de conviction. Je n'avais jamais été étranglée auparavant, pas plus que je ne m'étais sentie en danger au milieu d'une activité paranormale.

Mon fiancé a douté de ce je lui avais raconté jusqu'à ce que, deux semaines plus tard, la même chose lui arrive personnellement ! Nous étions profondément endormis quand il a été brusquement réveillé par un fantôme qui tentait de l'étrangler. Il était bien réveillé, mais il a eu une sorte de paralysie et n'a pas pu lever le bras pour me faire signe. Il ne pouvait plus respirer et sentait une pression sur sa poitrine. Il a essayé de bouger ses doigts et ses mains sans y parvenir, jusqu'à ce que finalement l'entité s'en aille et qu'il réussisse à s'asseoir avec effort. Bien sûr, cela m'a réveillée, car il continuait à haleter. Deux semaines plus tard, nous déménagions.

Ma fille et moi avions vécu seules dans cette maison pendant plusieurs années avant que je rencontre mon fiancé. Nous avions vu et vécu plusieurs choses dans notre maison hantée, dont des apparitions de fantômes de pied en cap, des PVE, des objets déplacés, des zones froides, des touchers fantomatiques, ainsi que des bruits et des rires inexpliqués venant de l'extérieur des fenêtres du deuxième étage. J'avais toujours eu l'impression que les fantômes veillaient sur moi et ma fille, parce que nous étions les seules à faire attention à eux. Nous avions eu droit à de fréquentes, quoique bizarres interactions qui se répétaient jour après jour. Il semblait que l'activité spectrale était à son comble chaque fois que je commençais à fréquenter quelqu'un ; les fantômes essayaient même parfois de chasser ces hommes. Je riais toujours des réactions de mes compagnons et je voyais cela comme un genre de test. Que le meilleur homme gagne, pensais-je.

En faisant des recherches, j'ai découvert que la maison avait été construite sur un vieux cimetière et que les corps n'avaient jamais été déplacés. En plus du fait que le terrain était hanté, la maison avait également eu son lot de décès. L'église de la région en avait même été propriétaire à un moment donné, et on disait que l'on s'était servi du parloir pour y exposer les morts.

Le temps passant, il semblait que de plus en plus de fantômes venaient la visiter. Nous faisions toujours référence aux fantômes résidants en tant que propriétaires de l'endroit parce qu'ils avaient vécu dans la maison et y étaient décédés. Ils étaient merveilleux, et nous aimions partager notre maison avec eux. Cependant, lorsque les autres sont arrivés, la maison est devenue surpeuplée et l'énergie a changé radicalement. À l'époque, je ne connaissais pas de technique efficace pour faire traverser les fantômes, mais avec la prière, nous avons tenté de les aider autant que possible avant de déménager.

Nos voisins qui vivaient dans l'autre portion du triplex avaient eu des apparitions et de fréquentes terreurs nocturnes. Un réparateur du câble avait senti qu'on le poussait en bas de l'escalier dans lequel j'avais souvent vu des fantômes. Habiter cette maison m'a enseigné plusieurs choses sur le monde des esprits, et j'ai encore de la gratitude pour les fantômes qui y ont résidé avec nous.

La dame au collier de perles

Un soir, nous nous étions rassemblés entre amis pour utiliser la technique de divination que j'ai décrite au chapitre 9. Deux de nos amis lisaient dans les yeux de l'autre, de chaque côté d'une petite table, pendant que mon mari et moi les photographiions à l'aide d'un appareil photo numérique. Les résultats des photographies étaient très intéressants, parce que l'énergie accrue faisait que les photos étaient légèrement floues à certains moments. Nous avions réussi à capter quelques-uns des visages de leurs vies antérieures qui faisaient saillie à l'extérieur de leurs visages actuels. Nous avions également remarqué qu'il y avait une image totalement différente en surimpression sur une de ces deux personnes.

L'image semblait être le visage de l'esprit d'une jeune femme. Elle regardait droit dans l'appareil avec un grand sourire aux lèvres. Nous pouvions voir que ses cheveux étaient foncés et qu'elle les portait en chignon, et nous avons remarqué qu'elle portait un collier de perles. Le visage de la femme n'était pas en surimpression sur celui de notre amie (c'est souvent ainsi que vous verrez un visage d'une vie antérieure), mais plutôt légèrement au-dessus de sa tête. La photo avait été prise de profil, et le visage du fantôme regardait directement l'appareil photo. C'était un cliché extraordinaire, et avec la pratique, nous avons réalisé que ce phénomène se produit assez souvent.

Deux personnes qui font de la divination augmentent leur énergie grâce à un effort de concentration combiné. Les fantômes et les esprits étant visibles à une vibration plus élevée que la nôtre, il est logique que l'on puisse accéder au monde des esprits en utilisant cette technique. Avec les années, nous avons amassé de nombreuses photographies de visages d'esprits prises durant une séance de divination.

Le bras désincarné

Quand j'étais jeune, avec mes frères et sœurs, nous nous racontions des histoires d'épouvante et de fantômes désincarnés qui hantaient les vivants. La poupée aux ongles violets était l'une de mes histoires de fantômes favorites. C'était l'histoire d'une poupée avec des ongles violets qui prenait vie à la nuit tombée et qui tuait la famille d'une fillette. Chaque matin, lorsqu'un autre membre de la famille était retrouvé mort, la poupée avait un plus grand sourire. Ayant découvert que sa poupée aux ongles violets était méchante, la fillette lui a arraché les bras et les jambes et a jeté la poupée démembrée à la poubelle. Mais le lendemain matin, la poupée s'était reconstituée et était venue la chercher. L'histoire me donnait des cauchemars, et je n'ai jamais pu oublier l'image de la poupée désincarnée !

Un soir, on m'avait demandé d'être l'invitée d'une émission sur le paranormal et j'avais amené une amie avec moi en guise de soutien moral. Pendant qu'on enregistrait l'émission, elle était en coulisse et parlait avec l'équipe. Mon amie étant elle aussi une intuitive, il nous est arrivé de nombreux incidents inexpliqués quand nous étions ensemble toutes les deux.

Après l'émission, nous sommes rentrées chez elle pour y passer la nuit. Je me suis couchée sur le sofa et j'étais sur le point de m'endormir quand j'ai entendu frapper contre le mur. Comme la maison de mon amie était entourée d'un haut mur de béton, je savais que ces bruits n'étaient pas le fait d'une personne vivante. Trop fatiguée pour me lever afin de voir ce que c'était, j'ai décidé de ne rien faire et de m'en occuper le lendemain matin. Les bruits ont continué et j'ai remonté les couvertures sur ma tête pour continuer à dormir, en espérant qu'ils me laissent tranquille !

Mon amie était dans la chambre adjacente et avait fermé sa porte ; elle n'était donc pas consciente de tout ce bruit et du fantôme qui essayait d'attirer mon attention. Mais quelque chose l'a réveillée. Elle s'est redressée dans son lit et a vu un bras désincarné dans le coin de sa chambre. Le bras était plié et la main faisait des gestes pour dire : « Va te faire f... » Elle était sous le choc ! Non seulement il y avait un bras désincarné dans sa chambre, mais il avait réussi à lui faire peur ! Comme elle a réalisé que ce qui lui arrivait était bien réel, le bras s'est rapidement approché d'elle. Il a traversé la chambre en volant et s'est arrêté juste devant ses yeux, avec le majeur en l'air. Elle s'est aussitôt couvert le visage et a commencé à réciter la prière à l'archange Michel (voir chapitre 13).

Le lendemain matin, je lui ai parlé des bruits que j'avais entendus, puis elle m'a relaté sa nuit en compagnie du bras désincarné. Je n'arrivais pas à croire qu'elle ne m'avait pas réveillée pour me le dire ! Très vite, je me suis connectée à la lumière et j'ai sondé intuitivement toute la maison. Certes, sa prière avait fonctionné, car la maison était remplie de lumière et aucune énergie néfaste ne subsistait autour de nous. En rétrospective, cela nous a paru plutôt drôle, car qu'est-ce qu'un bras désincarné pourrait faire d'autre pour attirer l'attention, sinon donner des coups de poing ou faire un signe de la main ?

La femme aux sourcils pointus

Quand mon mari et moi avons déménagé dans notre vieille maison victorienne, il a enlevé le miroir de la vanité dans la salle de bain des invités et l'a remplacé par un miroir beaucoup plus stylisé. Mais par la suite, j'ai décroché le nouveau miroir et raccroché le vieux. Ce miroir avait quelque chose de spécial, et malgré la patine du temps, il me paraissait magique.

Ma fille a été la première à réaliser que le miroir était spécial. Un jour, en se lavant les mains, elle regardait son reflet dans le miroir lorsqu'elle s'est aperçue que ce n'était pas son image qui lui rendait son regard. Sans rien me dire, elle m'a demandé de regarder dans le miroir pendant quelques minutes pour voir s'il m'arrivait quelque chose d'inhabituel. Elle est sortie de la salle de bain, et j'ai commencé à fixer mon visage dans le miroir. Je me suis très vite rendu compte que mon visage changeait et qu'une personne totalement différente apparaissait là où j'aurais dû voir mon propre reflet. Le papier peint derrière moi s'est mis à tourner comme s'il y avait un vortex sur le mur de la salle de bain. Je suis sortie de là avec un drôle d'air, et ma fille et moi avons partagé nos expériences respectives. Les miroirs ont souvent été utilisés comme instruments pour voir dans le monde des esprits, et on croit parfois que ce sont des portails vers d'autres dimensions. Le visage que nous avions vu toutes les deux était celui d'une femme avec une chevelure de couleur claire et des sourcils foncés et peints en accents circonflexes.

Un jour, ma sœur est passée nous voir, et nous lui avons demandé de regarder dans le miroir et de nous dire ce qu'elle voyait. Elle est ressortie tout de suite et nous a parlé de la femme aux sourcils pointus. Nous étions étonnées qu'elle puisse la voir elle aussi. Nous ne savions rien de cette femme et encore moins d'où elle venait.

Ce soir-là, ma sœur a fait un rêve expliquant qui était la femme aux sourcils pointus et comment elle était arrivée chez nous. Apparemment, elle était attachée à quelque chose que nous avions acheté et elle avait besoin de notre aide. J'ai l'habitude de purifier les articles que nous rapportons chez nous de leur énergie, qu'ils viennent d'un magasin d'antiquités, d'un encan ou d'un ami. Mais j'en avais laissé passer quelques-uns parce que mon mari les avait achetés pour me faire une surprise. En tâchant de me rappeler les articles qui pouvaient être responsables de cet attachement spectral, cela m'est revenu. Mon mari avait acheté une reproduction de la dernière Cène, qu'un vieux monsieur avait héritée de son grand-père. Comme cette histoire correspondait à l'impression que ma sœur avait eue dans son rêve, je me suis connectée à la lumière et j'ai sondé intuitivement cette reproduction pour voir s'il y avait un attachement. Pas de doute, elle était bien là — la femme aux sourcils pointus !

J'ai aidé la femme aux sourcils pointus à passer dans la lumière, et nous n'avons plus jamais revu son visage dans le miroir.

La bulle de Londres

Il s'agit bien de la bulle de Londres et non du brouillard de Londres ! En 2010, je suis allée en Angleterre pour suivre des cours au Arthur Findlay College, considéré comme le « plus éminent collège pour la promotion du spiritualisme et de la science psychique ». Le collège est situé en banlieue de Londres, dans une ville appelée Stansted. Des gens viennent de partout dans le monde pour y suivre des cours donnés par d'éminents médiums et professeurs. Les classes se donnent de 9 h à 21 h, et les participants prennent tous leurs repas sur le campus et dorment dans des dortoirs.

Je partageais une chambre avec deux autres femmes, et j'avais sauté un après-midi de cours pour faire une sieste pendant que la chambre était vide. Au bout d'une heure environ, quelque chose m'a fait sursauter et j'ai ouvert les yeux. À l'autre bout de la pièce, mon regard s'est arrêté sur quelque chose qui flottait au-dessus du lit de ma camarade de chambre. La bulle gris foncé mesurait environ 75 centimètres et ressemblait à un sac gélatineux rempli d'un liquide gris foncé criblé de points noirs. Ce sac vibrait tout en se déplaçant lentement au plafond comme s'il rampait.

J'ai cligné des yeux à quelques reprises et je me suis redressée dans le lit. Le sac était toujours là. Je l'ai regardé se tortiller sur toute la longueur du plafond, puis commencer à descendre sur le mur. Je ne pensais qu'à une chose : la bulle venait vers moi et il fallait que je la chasse. J'ai levé le bras comme si j'étais une sorte de magicienne, puis j'ai lancé de la lumière vers la bulle avec ma main, en disant une prière puissante. Elle a disparu instantanément. Mon cœur battait la chamade. « Pourquoi ai-je fait ce geste de la main ? » me suis-je demandé. « Quelle abrutie ! C'était quoi ce truc ? » Mon cœur battait toujours à tout rompre et je me suis mise au garde à vous, quand une de mes camarades a fait irruption dans la chambre.

Quand je lui ai demandé si elle avait vu ou senti quelque chose d'étrange pendant qu'elle dormait là, elle a répondu par la négative. Puis je lui ai raconté ce que j'avais vu. Elle m'a dit qu'elle n'avait jamais cru à aucune énergie ou entité noire, puis elle a ajouté qu'elle serait incapable de laisser des esprits utiliser son corps pendant son sommeil si elle croyait en de tels phénomènes. (Et moi, je compte pour du beurre !?) Elle m'a alors expliqué qu'elle s'enregistre pendant qu'elle dort la nuit, et dit aux esprits que quiconque souhaite lui parler peut le faire à travers son corps pendant son sommeil. J'ai essayé de comprendre où elle avait pris ça, mais pour moi son point de vue n'avait pas de sens.

Je lui ai expliqué qu'une personne qui a été mauvaise de son vivant le sera aussi après sa mort, jusqu'à ce qu'elle aille vers Dieu pour être guérie. Nous pouvons tourner le dos à Dieu de notre plein gré pendant notre vie et après la mort. Je lui ai dit qu'utiliser son corps était comme accepter un rendez-vous en ligne avec un inconnu, et qu'il pouvait être dangereux de ne pas croire à l'existence de personnes (ou de fantômes) maléfiques. Elle m'a ensuite dit que les spiritualistes ne croient pas aux fantômes qui ont besoin qu'on les aide à traverser de l'Autre côté, et que les énergies obscures ou maléfiques n'existent pas. Il a fallu que nous nous mettions d'accord sur notre désaccord, car nos points de vue étaient radicalement opposés.

Le lendemain, ma camarade de chambre qui dormait à côté, avec la bulle au-dessus d'elle, ne se sentait pas bien. Elle avait une terrible migraine et se sentait trop nauséeuse pour aller en cours. Elle est donc restée au lit pendant une journée et demie avant de prendre du mieux. Je me demandais ce qu'était cette bulle grise et si c'était ce qui avait rendu ma camarade malade. Quand elle m'était apparue, elle était directement au-dessus des deux lits du coin. Était-ce une chose que ces personnes avaient rapportée de chez elles ? Une chose que ma camarade avait attirée pendant son sommeil ? Ou encore une chose qui était apparue parce que le bâtiment lui-même était hanté ?

On dit que le Collège Arthur Findlay est situé sur un terrain qui a des origines connues datant de 2 000 ans. On prétend qu'il a été érigé sur des ruines romaines qu'ils espèrent excaver un de ces jours. Le Stansted Hall, qui ressemble à un château, a lui-même une longue et fascinante histoire. La bâtisse a été brûlée et reconstruite plusieurs fois, puis prêtée au ministère de la Défense qui s'en est servi comme hôpital pour les soldats convalescents durant la Seconde Guerre mondiale. Aller au Collège Arthur Findlay était comme fréquenter une vraie école de Poudlard pour adultes. Même si je n'ai plus revu la fameuse bulle, je savais que j'étais en sécurité. J'avais établi des frontières autour de mon lit et rempli l'espace autour de moi de lumière.

Ironiquement, l'année suivante, le Collège a ajouté un cours pour les enquêteurs du paranormal afin d'inclure dans son corpus la question des fantômes. Belle initiative! Les enquêtes sur le paranormal sont désormais acceptées comme méthode de médiumnité.

La figurine de lion

Notre équipe d'enquêteurs du paranormal se trouvait sur un célèbre site hanté quand on a lancé quelque chose sur nous. Il se faisait tard et tout le monde avait décidé de tout remballer et de rentrer se coucher. Certains s'affairaient à récupérer les trépieds et les caméras, pendant que d'autres tentaient une dernière séance de PVE. Après avoir capté la voix d'un enfant en train de jouer, ils ont appelé le reste du groupe pour leur faire écouter l'enregistrement. Le silence régnait et on essayait tous d'entendre cette voix fantomatique enfantine. C'est alors que quelque chose a heurté le sol avec fracas dans la pièce adjacente. Cette pièce était complètement vide, et nous étions tous rassemblés autour de la table. Nous nous sommes vite dirigés vers la provenance du bruit et avons découvert la figurine d'un lion au beau milieu de la pièce, sur le plancher de bois franc. La figurine avait été placée sur la table du fond, le long du mur, avec plusieurs autres. Les fantômes deviennent parfois plus actifs quand on range les caméras à la fin d'une enquête. C'est comme s'ils ne voulaient pas que nous partions, et c'est habituellement ainsi que nos enquêtes se prolongent jusqu'au petit matin!

Le fantôme de la cavalerie

Pendant une enquête paranormale, nous avons rencontré un fantôme qui avait combattu durant la guerre de Sécession. Toute la communication a été enregistrée en PVE, sous forme de questions et réponses. Ce fut l'une des plus remarquables conversations auxquelles il m'a été donné de participer entre des esprits et des vivants. Nous avons demandé au soldat quel avait été son rôle dans cette guerre, et il a dit : « artillerie ». Nous lui avons demandé pendant combien de temps il avait combattu, et il a répondu : « Trop longtemps. L'un d'entre vous peut-il m'aider ? » Quand on lui a demandé s'il avait été blessé, il a dit : « Oh mon Dieu, on souffre ici. » Nous avons voulu savoir combien il avait été payé, et il a répliqué : « Juste un peu plus de 356 $. » Cela m'apparaissait beaucoup trop élevé pour l'époque de la guerre de Sécession, j'ai donc fait quelques recherches après l'enquête. Un soldat blanc gagnait une moyenne de 13 $ à 16 $ par mois, et la guerre de Sécession avait duré approximativement quatre ans. Donc, même en gagnant seulement 13 $ par mois, si ce soldat avait servi un peu plus de deux ans, le calcul était exact. J'étais ravie de la connexion que nous avions établie avec ce fantôme, mais triste de savoir qu'il souffrait toujours.

Des colons enterrés sous un monticule

Notre groupe était sorti pour enquêter sur un grand monticule d'inhumation amérindien. Les rumeurs voulaient que des colons aient été enterrés sous ce monticule. Nous voulions essayer notre Spirit Box et nous avons commencé à poser des questions pour voir si nous pouvions infirmer la rumeur. Nous avons demandé : « Combien de colons ont été enterrés ici ? » Immédiatement, une voix a répondu « trois » à travers la boîte. Nous nous sommes regardés, excités, trouvant incroyable que l'on nous réponde sur-le-champ. Puis nous avons reposé la question pour nous en assurer : « Combien de colons ont été enterrés ici ? » Quelques secondes plus tard, nous avons entendu « trois » d'une voix forte et claire. Un des membres de notre équipe, qui se croyait astucieux, a décidé de répéter la question une troisième fois. Peut-être voulait-il vérifier la précision de l'appareil ou du fantôme à qui nous nous adressions. Il a donc formulé la même question : « Combien y a-t-il de colons enterrés ici ? » Pour la troisième fois consécutive, nous avons entendu la même réponse. C'était toujours la même voix, mais chaque fois un peu plus forte. Bien qu'il ne soit pas nécessaire d'enregistrer une séance avec une Spirit Box, cela vient appuyer la preuve après coup. Nous avons enregistré cette séance, et nous tenions une preuve convaincante d'une activité paranormale.

Les visites de nos proches en esprit

Les lilas

Mon fiancé conduisait à travers les montagnes de Géorgie pour venir m'épouser. Nous avions planifié un mariage sur la plage, sur l'île de Captiva, en compagnie de quelques bons amis. Pendant qu'il roulait, il pensait à tous les êtres chers que nous avions perdus et qu'il aurait aimé inviter à cette journée très spéciale. C'est à ce moment-là qu'il est passé devant une allée de lilas qui avaient fleuri hors saison. Il s'est rappelé que les lilas étaient les fleurs favorites de ma grand-mère et a vu cela comme un signe de sa part. Pour me faire une surprise, il s'est arrêté pour prendre quelques photos des lilas.

À son arrivée en Floride, il m'a parlé de ces étranges lilas et a mentionné qu'il en avait vu seulement dans cette partie de l'autoroute. Convaincu que les lilas étaient un signe de ma grand-mère, il était impatient de me montrer les photos qu'il avait prises. Nous avons téléchargé les photos sur l'ordinateur, mais nous avons été déçus, car il n'y avait qu'une masse indistincte sur le cliché. J'ai décidé de sauvegarder les photos dans mon dossier « inexplicable », puis j'ai commencé à préparer le dîner.

Près de six mois plus tard, nous surfions dans nos vieux dossiers informatiques mon mari et moi, quand j'ai voulu revoir le dossier « inexplicable ». J'ai choisi une photo et j'ai cliqué sur l'icône qui s'est ouverte en mode plein écran. Nous avons poussé un cri en apercevant l'image de ma petite sœur qui était décédée. C'était elle ! Cela ne faisait aucun doute. Ma grand-mère était reconnue pour avoir fait traverser ma sœur dans le monde des esprits ; nous tenions donc la confirmation qu'elles étaient là toutes les deux le jour de notre mariage.

L'esprit qui se métamorphose

Il existe un phénomène qui donne à penser qu'une personne en deuil croira voir un être aimé après sa mort. Cela m'est arrivé et je peux en garantir l'authenticité. En fait, on sait que cela se produit lorsqu'un proche décédé essaie de nous faire comprendre qu'il est toujours près de nous.

Deux semaines après la mort de mon meilleur ami, mon mari et moi avons organisé une fête pour pendre la crémaillère. Plusieurs de nos invités étaient des amis de notre ami décédé, si bien qu'il y a eu un mélange de rires et de larmes. Nous étions malheureux que notre ami soit mort avant de pouvoir visiter notre nouvelle maison, mais ce soir-là, il est venu nous voir du monde des esprits !

Nous avons pris des tas de photos, puis, à la fin de la soirée, nous les avons regardées l'une après l'autre. Bien sûr, il y avait des orbes et quelques étranges anomalies lumineuses, mais nous nous sommes particulièrement intéressés à une image blanche qui luisait dans la fenêtre de la cuisine. Il n'y avait pas de balcon sous la fenêtre du deuxième étage, pas plus que de lumière extérieure. Après avoir téléchargé la photo sur l'ordinateur afin de mieux voir l'image, nous avons bien failli tomber à genoux. L'image dans la fenêtre était celle de notre ami qui venait de mourir. Il avait l'air plus jeune qu'au moment de sa mort, mais nous savions que c'était lui. Il regardait par la fenêtre de la cuisine, comme pour nous dire qu'il était à la fête avec nous !

Plus tard cette année-là, nous nous sommes tous retrouvés dans un bar de la région que notre ami avait l'habitude de fréquenter. Nous étions au beau milieu d'une conversation, quand un étranger a attiré l'attention de quelques-uns d'entre nous. Nos phrases sont restées en suspens et nos regards se sont portés sur l'homme dans la foule. Nous avions tous reconnu notre ami décédé dans cet homme. Nous l'avons vu se retourner et s'en aller, avec cette démarche ondulante caractéristique. Ses avant-bras étaient couverts de taches de rousseur, et ses cheveux étaient coiffés exactement comme ceux de notre ami, ce qui n'était pas une tâche facile, car notre ami était très strict sur sa coiffure. Nous sommes restés figés là, interloqués, abasourdis. L'homme a fait encore quelques pas, puis il a repris sa forme normale. Nous nous sommes tous regardés, histoire de nous assurer que nous n'étions pas les seuls à avoir assisté à cette métamorphose. L'espoir incrédule sur tous les visages laissait entendre que nous avions tous vu la même chose.

Je suis convaincue qu'un esprit qui veut se faire voir peut utiliser la lumière d'une personne vivante pour illuminer son image. L'espace d'un instant, la personne vivante semble se métamorphoser et devenir le défunt, avant de reprendre sa forme originale. J'ai vu le même phénomène plusieurs fois depuis, et je sais que c'est une expérience réelle ! Si vous avez perdu un être cher et que les gens vous disent que vous êtes fou parce que vous croyez le voir partout, sachez que *vous n'êtes pas* fou ! En fait, c'est un contact spirituel. Votre proche fait ce qu'il peut pour vous apparaître afin que vous sachiez qu'il ne vous a pas quitté et qu'il ne vous quittera jamais.

La dame de la maison

Un entrepreneur en construction travaillait dans le vestibule du deuxième étage de notre maison quand il a déposé ses outils et a couru dehors pour venir me chercher. Il m'a demandé si je pouvais rentrer et rester près de lui un moment pendant qu'il travaillait. Bien sûr, sa requête m'a étonnée et j'ai voulu savoir pourquoi. Il m'a parlé du fantôme d'une vieille femme qu'il avait vue debout en bas de l'escalier et qui le regardait travailler. Il me l'a décrite avec une telle précision, que j'ai su qu'il l'avait bien aperçue. Je l'avais vue intuitivement, mais jamais de mes yeux, pourtant, elle était l'une des principales raisons pour lesquelles nous avions acheté la maison.

Nous avions toujours rêvé de posséder une vieille maison victorienne, et mon mari en avait trouvé une qui était à vendre. J'avais hésité à aller la visiter, parce qu'elle était trop éloignée de ma ville natale à mon goût. Le lendemain, alors que je recevais un massage thérapeutique à l'eau de pluie, mon massothérapeute m'a demandé de me concentrer sur une question que j'aimerais éclaircir. La seule question que j'avais en tête était : où devrait-on déménager ? Je me suis détendue et j'ai laissé les huiles et le massage m'ouvrir l'esprit. J'ai alors vu une maison bleue avec des moulures blanches, où régnait une extraordinaire lumière.

À la fin de ma séance, j'ai retrouvé la photographie que mon mari m'avait donnée, et j'y ai découvert la même ligne de toiture que la maison de ma vision. Mais la maison n'était pas bleue avec des moulures blanches, elle était vert pâle. Me demandant si ce pouvait être la même maison, j'ai décidé qu'il fallait que je la voie de mes yeux. Avec ma fille, nous nous sommes rendues jusqu'à la propriété en voiture et nous avons regardé par les fenêtres de la maison victorienne qui était vacante. La toiture était identique. La maison était très belle et sa charpente avait l'air solide.

Ce soir-là, la dame de la maison est venue me voir en rêve. Son énergie était altière et accueillante lorsqu'elle m'a fait faire le tour du propriétaire. Elle était fière de me montrer la cheminée d'origine, et a insisté sur la qualité du travail artisanal. En me réveillant, je savais que nous allions aimer l'intérieur autant que nous aimions déjà l'extérieur. Il semblait que la dame de mon rêve voulait nous voir dans sa demeure, parce que la maison nous convenait parfaitement, et que nous convenions parfaitement à la maison.

Nous sommes allés la visiter le lendemain et nous avons tout de suite su que nous étions destinés à en devenir les propriétaires. Nous attendions au sous-sol, ma fille, mon beau-père et moi, que mon mari vienne nous rejoindre. Nous voulions faire cette première visite tous ensemble. Au bout d'un moment, j'ai entendu de lourdes bottes de travail sur le plancher de bois franc au-dessus de nous. J'ai pensé que mon beau-père était monté sans nous le dire, mais au même moment, je l'ai vu sortir d'une autre pièce du sous-sol. En effet, il y avait des esprits dans cette maison.

Quand mon mari nous a rejoints, nous avons visité la maison ensemble. Au troisième étage, ma fille a dit que quelqu'un l'avait touchée et lui avait ébouriffé les cheveux. Les esprits se manifestaient à nous de différentes manières ; ils voulaient de nous dans la maison. L'intérieur était exactement comme la dame me l'avait montré dans mon rêve, et la maison correspondait exactement à celle de mes prières.

Nous avons déposé une offre d'achat le jour même, et j'ai poursuivi mes recherches sur la propriété. J'ai découvert que plusieurs années auparavant, la maison avait été une auberge, et alors qu'elle était en opération, on l'avait peinte en bleu avec des moulures blanches. On pouvait encore voir des photographies sur un site touristique en ligne, ce qui confirmait ma vision. Nous rêvions d'avoir un couette et café, ce qui rendait la vision de mon rêve encore plus intéressante, car elle correspondait à une auberge en opération. Il ne faisait aucun doute que nous avons été conduits jusqu'à cette maison, que notre rêve s'était manifesté et nous avait rattrapés.

J'avais aussi trouvé des articles sur les premiers propriétaires des lieux, et la description correspondait en tous points à celle dame de la maison. On disait qu'elle avait été une hôte courtoise et qu'elle était connue pour son hospitalité et sa gentillesse. Un article disait qu'elle avait été très aimée et que tous ses concitoyens avaient de l'affection pour elle. Sa notice nécrologique mentionnait qu'elle était décédée dans un carrosse couvert en rentrant chez elle, et qu'elle avait été exposée dans le petit salon de sa maison jusqu'à ses obsèques. Elle et son mari avaient possédé et dirigé l'auberge et avaient élevé sept enfants. Trois générations de leur famille avaient vécu dans cette maison victorienne jusque dans les années 1970.

Il y a souvent d'étranges événements dans cette maison, et nous avons fini par appeler notre visiteuse « la dame de la maison ». Elle semble aimer particulièrement la chambre au bout du couloir et elle n'arrête pas d'ouvrir cette porte. Une nuit, je me suis réveillée en l'entendant murmurer une chanson douce, alors qu'elle passait devant la porte de notre chambre au deuxième étage. Elle n'a pas l'énergie dense ou faible d'un fantôme ; elle semble plutôt visiter la maison et sa nouvelle famille par amour. Nous sommes toujours excités quand la dame de la maison nous rend visite et nous savourons chaque fois sa présence.

Cigares et eau de Cologne

Après avoir acheté notre maison victorienne, mon mari et moi avons voulu trouver des photographies de la famille d'origine pour les suspendre sur nos murs. Nous en avons trouvé quelques-unes à la société historique et avons retrouvé des descendants vivants de la famille. Durant les fêtes, les arrière-petits-enfants des premiers propriétaires sont venus voir la maison, nous rencontrer, et nous apporter des photos de famille. C'était amusant de leur faire faire le tour du propriétaire et de leur raconter des anecdotes concernant la propriété. Avant leur départ, ils ont tous signé notre livre d'invités dans la salle à manger.

Mon mari et moi les avons raccompagnés dehors, et de retour à l'intérieur, nous avons senti une odeur de cigare. L'odeur semblait provenir d'un coin de la maison : elle flottait autour de la chambre d'amis. Avant la visite des descendants de cette famille, il n'y avait pas d'odeur et personne ne fumait chez nous. Mais dans une de nos photographies favorites de leur arrière arrière-grand-père (le premier propriétaire de la maison), celui-ci est photographié dans ses plus beaux habits avec un gros cigare au coin des lèvres.

Depuis ce jour, nous avons souvent remarqué une odeur de cigare, et parfois celle d'une eau de Cologne. Les deux senteurs venaient de l'espace entourant la chambre d'amis, et bien des gens ont perçu des pas traversant cet espace et senti quelque chose. Peut-être revient-il dans sa maison de temps en temps, rien que pour voir si tout va bien.

Allô, les filles

Un après-midi, avec mon assistante, nous travaillions à mettre une maison en valeur. Le père venait de mourir et la fille m'avait embauchée pour l'aider à préparer la maison pour la vente. La troisième fois que je suis retournée à mon camion pour récupérer des cartons remplis d'accessoires, j'ai vu luire une pièce de 25 ¢. Cela m'a intriguée car je ne l'avais pas vue jusque-là. Je l'ai prise et j'en ai vérifié la date : 1951. Cela ne signifiait rien pour moi, mais je l'ai mise dans ma poche, au cas où. Je me suis habituée aux choses étranges et j'ai pu constater qu'elles prennent parfois tout leur sens plus tard.

Les heures passaient, et mon assistante et moi déplacions des meubles du sous-sol au rez-de-chaussée. Nous avions monté la moitié des marches quand nous avons entendu une voix masculine dire : « Allô, les filles ! » Nous savions que nous étions les seules personnes vivantes dans la maison, et nous nous sommes regardées bouche bée, en écarquillant les yeux. Nous avions entendu la même chose toutes les deux !

On en a déduit que le père devait toujours être dans la maison à surveiller ses choses, et on s'est réjouies qu'il soit si amical. Même s'il nous avait mis la puce à l'oreille, on a poursuivi notre travail. À court d'accessoires, on a commencé à fouiller dans les placards pour trouver d'autres objets de décor. Mon assistante a déniché une collection de pièces de 25 ¢ qu'elle a portée à mon attention. Je ne lui avais pas parlé de la pièce que j'avais trouvée et je me demandais si cela pouvait être un signe du père.

Une fois notre travail terminé, ma cliente m'a envoyé un mot de remerciement avec son adresse courriel. Soudain, tout prenait tout son sens. Son adresse électronique était composée de son prénom, de son second prénom et de son nom de famille, puis du nombre 1951 (l'année de sa naissance), et la pièce que j'avais trouvée était datée de 1951 ! Pour moi, c'était la confirmation que la pièce de 25 ¢ était destinée à ma cliente et que son père essayait de l'informer qu'il était toujours dans les alentours.

J'ai envoyé la pièce de 25 ¢ à ma cliente avec une explication des événements que j'étais heureuse de comprendre, finalement. C'était tellement beau que son père ait essayé si fort de l'atteindre pour lui dire qu'il voyait tout le mal qu'elle se donnait pour assurer sa succession. Elle était très dévouée et s'en était occupée plus qu'aucun autre membre de la famille, et le message était comme un geste d'appréciation venant de l'esprit de son père.

Des poumons lumineux

Une de mes clientes est venue me voir pour une séance de guérison qui a débuté, comme d'habitude, avec un scan intuitif de son corps. J'ai tout de suite vu des poumons lumineux flottant à côté d'elle. Les poumons n'apparaissant pas à l'intérieur de son corps où ils auraient dû être s'ils lui avaient appartenu, je savais que quelqu'un d'autre était présent. Parfois, quand ce genre de chose arrive, je mets ça de côté en sachant que cela prendra tout son sens plus tard. À peu près au milieu de la séance, ma cliente a commencé à s'ouvrir en me parlant d'un deuil non réglé concernant la perte de son père. J'ai tout de suite compris à qui appartenaient ces poumons. Je lui ai demandé si son père avait eu des problèmes pulmonaires et j'ai découvert qu'il était mort d'emphysème. Son père était venu en esprit pour aider sa fille à faire son deuil, et il m'était apparu ainsi pour que nous puissions le reconnaître rapidement. Quand ma cliente m'a dit le nom de son père, j'ai pu me connecter directement à lui pour valider sa présence. Cette séance a été particulièrement intense, et j'étais très reconnaissante de pouvoir constater combien son père l'aimait encore et voulait l'aider à guérir.

Le papa pompier

Je faisais une démonstration de Thetahealing^MD, quand j'ai pris conscience que l'homme avec qui je travaillais était accompagné d'un être cher. Je m'occupais de la douleur à son épaule, lorsque j'ai vu intuitivement de grosses flammes. Quand je lui ai demandé si sa blessure à l'épaule avait quelque chose à voir avec le feu, il a dit qu'il avait été pompier. Il ne pouvait plus travailler à cause de sa blessure. J'ai redirigé mon attention et j'ai remarqué qu'il y avait un esprit avec lui. Cela ressemblait à l'énergie d'un père ; je lui ai donc demandé si son père était décédé. Non seulement il était décédé, mais lui aussi avait été pompier et s'était blessé à l'épaule – la même épaule qui faisait souffrir son fils. Il m'est apparu clairement que mon client était un sensitif et qu'il absorbait la douleur de son père sans le savoir.

Très souvent, quand l'esprit de quelqu'un que l'on aime s'approche de nous, on peut le reconnaître par des sensations ou des odeurs. Mais on ne veut pas endosser ses souffrances et on peut avoir besoin de demander à l'esprit de s'éloigner un peu. J'ai rencontré des gens qui ont littéralement absorbé la maladie d'un proche décédé à seule fin de rester connecté à lui. De toute évidence, mon client adorait son père et celui-ci lui manquait terriblement. Nous avons effectué une guérison autour de son père et de mon client, afin de résoudre son besoin de subir cette douleur à la place de son père. Le lendemain, mon client m'a dit qu'il pouvait lever son bras au-dessus de sa tête sans avoir mal, et qu'il était guéri. Il n'avait pas joui d'une telle liberté de mouvement depuis des années et était enchanté du résultat !

Le sourire d'une mère

Un jour, en effectuant le Thetahealing^MD sur une cliente, j'ai littéralement vu l'esprit de sa mère. Ma cliente avait perdu sa mère quelques mois plus tôt et voulait que je l'aide à surmonter sa peine. Cela faisait environ une demi-heure que je travaillais quand j'ai senti que des problèmes reliés à la mère de ma cliente avaient besoin d'être résolus. Lorsque je travaille avec quelqu'un, je passe la moitié du temps les yeux fermés. Je pose des questions en regardant la personne dans les yeux, puis je ferme les yeux pour exécuter la portion thérapeutique de la séance. Je venais de chasser certaines idées préconçues de ma cliente, et j'ai rouvert les yeux pour me concentrer de nouveau sur elle. En ouvrant les yeux, j'ai vu l'esprit de sa mère qui me rendait mon regard. J'ai cligné des yeux pour chasser cette vision, mais elle était toujours là. Son visage était en surimpression juste au-dessus du visage de ma cliente, à environ 30 à

60 centimètres du mien environ. Bien sûr, j'ai tout de suite su qui c'était. Une minute a passé et sa mère était toujours là, souriante.

À cet instant, ma cliente m'a demandé si sa mère était présente. Elle m'a dit pouvoir sentir l'énergie de sa mère tout autour d'elle et qu'elle avait des fourmillements dans tout le corps. J'étais tellement soulagée de pouvoir lui répondre oui. Ce jour-là, sa mère avait assisté à la séance pour recevoir une part de la guérison. Sa présence avait été une puissante confirmation de la manière dont fonctionne le monde des esprits. Sa mère était morte, mais elle était toujours très présente et active dans la vie de sa fille. Ce jour là, nous avons toutes les deux reçu un précieux cadeau. Ma cliente a pu sentir la présence de sa mère et savoir sans l'ombre d'un doute qu'elle était encore près d'elle, et j'ai pu voir son esprit les yeux grands ouverts.

Les démons

Le démon sauteur

Il y a des années, j'ai vu un démon sauter dans mon corps endormi et j'ai bien failli faire une crise cardiaque. Mon mari était en dehors de la ville et nous habitions une nouvelle maison, dans un nouvel État. Ma fille dormait dans ma chambre, car je voulais m'assurer qu'elle était en sécurité. Sa chambre était située à l'autre bout de la maison et je ne connaissais pas encore bien nos voisins. Nous nous étions endormies comme d'habitude. Puis, au milieu de la nuit, j'ai pris conscience qu'il y avait quelque chose ou quelqu'un dans notre chambre. Au moment où je j'ai détecté cette présence dans la chambre, son ombre a sauté dans mon corps. Aussitôt, mon cœur s'est mis à battre la chamade et a continué à battre plus fort que jamais. Pendant un moment, je me suis demandé si je n'allais pas faire une crise cardiaque. Je me suis également demandé si cela pouvait expliquer que d'autres gens meurent soudainement du cœur pendant leur sommeil. Boum, boum ! Je me suis redressée dans mon lit, les mains sur mon cœur. Ma fille aussi avait senti quelque chose et elle s'est réveillée. Se redressant dans le lit, elle s'est exclamée : « Maman, est-ce que ça va ? » Je lui ai répondu que tout allait bien et qu'elle pouvait se rendormir. Aussitôt rendormie, j'ai dit mentalement sur un ton sévère : « Sors tout de suite de mon corps ! C'est un réceptacle de lumière et tu n'as rien à faire ici ! »

Aussi soudainement qu'elle était entrée dans mon corps… l'entité en est ressortie. Mon cœur s'est remis à battre normalement. Mais je voulais m'assurer que cette entité était réellement partie et pas seulement hors de mon corps. Et si elle s'attaquait ensuite à ma fille ? Après avoir sondé la chambre les yeux ouverts, j'ai fermé les yeux et je l'ai sondée intuitivement. Je me suis connectée au Créateur et j'ai ordonné de renvoyer les entités noires qui étaient à l'intérieur ou autour de la maison, et de remplir notre demeure d'une lumière de protection. J'ai également appelé les anges pour qu'ils veillent sur nous pendant notre sommeil. L'entité a disparu aussitôt, et nous étions hors de danger.

Du feu et des cendres

Une fois, pendant un cours, une étudiante observait à distance la maison d'une autre étudiante. Elle disait voir quelque chose de rouge dans son salon et pensait avoir détecté un sofa rouge. Une autre a vu quelque chose de rouge et a pensé qu'il devait s'agir de murs rouges. Quelque chose me paraissant suspect, j'ai donc décidé de vérifier cela moi-même. Ce que j'ai vu était un gros démon rouge au milieu de son salon. Elle nous a confié son inquiétude concernant l'un des membres de sa famille qui avait commencé à se disputer tout seul à haute voix, qui était déprimé et d'humeur maussade. Il était clair qu'il était devenu la cible d'une entité noire.

Je suis montée me connecter à la lumière et j'ai ordonné que le démon retourne dans la lumière de Dieu. Intuitivement, j'ai aussitôt vu le démon disparaître dans les flammes. Cela m'a surprise, car normalement, les démons ressemblent à une énergie noire allant dans la lumière. Ils ressemblent parfois à des bêtes ou ont un visage anormalement gros et effrayant. C'était la première fois que j'en voyais un partir dans les flammes, alors je suis restée avec cette vision et l'ai regardée continuer à brûler quelques secondes de plus, puis cette chose s'est complètement transformée en cendres et est montée dans la lumière. L'étudiante a dit que lorsqu'elle est rentrée chez elle, il y avait une amélioration marquée dans l'atmosphère de la maison, ainsi que dans l'attitude du membre de la famille pour qui elle s'était fait du souci.

L'homme singe

Dans un avion décollant de Las Vegas, j'étais blottie au fond de mon siège et me préparais à faire une sieste, quand j'ai intuitivement vu un gros démon, semblable à un singe, partir en courant de l'avant de l'avion et arrêter son visage juste au-dessus du mien. Il a redressé la tête d'un air furieux, comme pour voir qui j'étais ou si je pouvais le voir. J'ai ouvert les yeux un instant et j'ai regardé autour de moi pour voir qui avait apporté cette bête dans l'avion. Quel genre de ravages pouvait-elle causer ? Je me le demandais. Avait-elle le pouvoir de détraquer les appareils de navigation dans le cockpit ? Je l'ignorais, mais je savais que je n'arriverais jamais à me reposer à moins de me débarrasser de cette créature. J'ai fermé les yeux, je me suis connectée au Créateur, et j'ai ordonné de renvoyer ce démon à Dieu et de le transformer en lumière et en amour. Quelques secondes ont suffi. Pouf ! Il avait disparu. J'ai sondé le reste de l'avion, tout était beau. Après quoi je me suis endormie.

Le démon au don d'ubiquité

Une de mes amies m'avait téléphoné pour me parler d'une de ses connaissances qui était hantée par un démon. Je l'ai dirigée à travers le processus de purge, confiante qu'elle pourrait chasser ce démon pour son amie. Quelques minutes plus tard, j'ai reçu un second appel de mon amie avec des bruits de crépitements. Elle avait chassé le démon de la propriété de son amie à distance, mais elle avait aussitôt senti la bête tout près d'elle. Elle l'entendait respirer et grogner bruyamment et méchamment. Je me suis connectée sans attendre et j'ai vu intuitivement une grosse créature rouge aux yeux brillants qui avait sauté d'un endroit à l'autre. J'ai vite ordonné qu'elle soit retournée à Dieu. En une fraction de seconde, la créature s'est volatilisée. Mon amie était soulagée qu'elle soit partie si vite et qu'elle ne soit jamais revenue. Nous avons passé son intervention en revue, et elle a réalisé qu'elle avait oublié de se purger après avoir procédé à la purification. Les entités noires essaieront parfois d'esquiver la lumière après que vous les aurez chassées, il faut donc claquer la porte derrière elles aussitôt qu'elles sont montées dans la lumière, puis purger votre propre énergie. Il suffit de frotter vos paumes ensemble, puis de pousser l'énergie de l'entité au loin d'une main, pendant que vous ramenez votre énergie de l'autre main (voir la section « arrêter l'énergie » au chapitre 13). Vous pourriez aussi imaginer que vous séparez votre énergie avec un couteau invisible, ou que vous envoyez la main au-dessus de votre corps et de votre tête.

Portails et entités multiples

Un jour, j'ai reçu un appel d'un groupe d'enquêteurs du paranormal de la région qui avait travaillé avec une dame âgée aux prises avec un fantôme. Elle avait vécu plusieurs années dans sa maison, puis soudain, elle s'était mise à voir des choses. Cela ne la dérangeait pas de voir des êtres chers décédés, mais elle voyait également des entités noires. Elle avait vu des yeux rouges qui l'observaient à travers certains photographies sur le mur, et des objets qui se déplaçaient tout seuls.

En entrant chez cette dame, une membre de l'équipe a eu une forte migraine et a compris que quelque chose était inhabituel dans la maison. Elle a appelé un autre enquêteur du paranormal qui y a découvert des lectures FEM très élevées. Les hautes fréquences électromagnétiques peuvent contribuer aux phénomènes paranormaux, puisque les fantômes peuvent utiliser ces hautes fréquences pour se recharger. La cliente avait elle aussi souffert de maux de tête, symptôme que l'on peut également associer aux hautes FEM. Lorsque l'enquêteur a utilisé son compteur à trois champs, l'aiguille a très vite atteint la plus haute marque. Il avait l'habitude des lectures de FEM élevées parce qu'il en avait eu à son domicile. Déterminé à remédier à la situation, il a inventé un instrument pour régler ce problème. Brillant ! Maintenant, il aide les autres à faire baisser les FEM nuisibles dans leurs maisons.

Il a effectué la modification pour la cliente, et cela a considérablement réduit le taux des FEM qui pénètrent dans sa propriété. Les FEM sont demeurées juste un peu au-dessus de la normale, mais très en dessous des consignes de sécurité. Les maux de tête de la cliente ont disparu presque aussitôt. L'équipe y est retournée à plusieurs reprises, et toutes leurs visites ont été très bénéfiques, mais quand la dame a commencé à voir des créatures, ils ont fait appel à moi.

Beaucoup d'enquêteurs du paranormal ont peur de rencontrer des entités noires. Bien qu'il soit vrai qu'elles peuvent s'attacher à vous et vous suivre jusque dans votre demeure, la peur que vous en avez les attire à vous et leur donne du pouvoir.

La cliente a vraiment eu peur quand elle a commencé à voir une créature à moitié humaine, à moitié singe. J'avais déjà vu ce type de créature et je savais qu'elles réagissaient très vite à une purge. Je savais que les membres du groupe étaient des enquêteurs dévoués et je voulais leur montrer comment chasser sans crainte une entité noire. J'ai toujours su qu'il est aussi facile de chasser une entité noire que de chasser un fantôme ou de procéder à une guérison.

Nous sommes arrivés chez la cliente avec un plan de match. J'ai fait le tour pour me familiariser avec la propriété et rattraper les autres qui étaient déjà venus là. La plupart des enquêteurs avaient eux-mêmes vu des apparitions et des choses inexpliquées. Après avoir visité la propriété, nous nous sommes rassemblés pour discuter de nos découvertes. Nous étions tous d'accord pour dire que plusieurs portails étaient ouverts et qu'ils servaient de portes d'entrée aux entités désincarnées.

Nous avons formé un cercle en nous tenant par la main et j'ai aidé l'équipe à se connecter dans l'onde cérébrale thêta. J'ai ordonné de voir et de savoir où étaient les portails qu'il fallait fermer à tout prix et qui étaient néfastes pour la cliente, ou potentiellement nuisibles. Au bout d'un moment, mes coéquipiers ont ouvert les yeux et ont tous affirmé avoir vu les emplacements. Nous y sommes retournés et nous sommes connectés à la lumière, puis j'ai ordonné que tous les portails se referment sur-le-champ. Presque instantanément, ils ont tous rouvert les yeux et déclaré avoir vu les portails se refermer dans toute la maison. Nous avons ensuite fait le tour des lieux afin de nous assurer que les étranges sensations que nous avions éprouvées plus tôt avaient été neutralisées.

Nous avons fait brûler de l'encens et allumé une chandelle blanche, puis nous avons formé un autre cercle en nous tenant par la main. Cette fois, j'ai ordonné que toutes les énergies à basse fréquence, les fantômes et les créatures entrent dans la lumière maintenant. Lorsque l'on travaille de cette manière avec un groupe, il est important que quelqu'un donne les ordres. Peu importe qui le fait, mais il faut que quelqu'un joue ce rôle. Nous étions connectés à la lumière et nous avons vu partir plusieurs entités. Nous avons ensuite effectué une guérison pour les âmes des êtres chers de notre cliente qui étaient décédés. Nous voulions nous assurer que s'ils revenaient la voir, ils seraient entrés dans la lumière, de sorte que leur présence ne puisse pas lui faire de mal. Pendant un moment de silence, j'ai demandé le nom de celui qu'il fallait appeler par son nom pour le convaincre de partir. J'ai reçu un nom et je lui ai ordonné de s'en aller en me servant de ce nom. Il est parti très vite. Après avoir entièrement purgé la maison, j'ai effectué une guérison finale sur la cliente elle-même. Lorsque j'ai ordonné que tout ce qui pouvait lui être attaché soit chassé, j'ai vu une silhouette noire sortir et entrer dans la lumière. Puis j'ai fait descendre sur elle la lumière et l'amour inconditionnel du Créateur afin de la guérir.

J'avais déterminé, en parlant avec notre cliente, qu'elle avait commencé à voir des choses à la suite d'une opération chirurgicale plusieurs années auparavant. À son réveil, m'a-t-elle dit, elle pouvait voir des entités. Cela n'a rien d'inhabituel. Chez certains, la clairvoyance est déclenchée par une blessure, un changement soudain dans leur vie ou une intervention chirurgicale. Je lui ai expliqué qu'elle continuerait à voir des choses parce qu'elle était clairvoyante. Elle avait mentionné qu'elle voyait des esprits à l'épicerie et dans les maisons des proches à qui elle rendait visite. C'était notre travail de lui dire que c'était correct et qu'elle pouvait se débarrasser de tout ce qu'elle ne voulait pas voir dans sa maison. Nous avons utilisé le cercle de lumière pour créer un portail de lumière à sens unique qui retournerait au Créateur tout ce qu'elle souhaitait. Rien qu'en nous connectant dans l'onde cérébrale thêta et en l'ordonnant, nous avons déplacé le portail de lumière à l'extérieur dans le jardin. Nous avons dit à notre cliente que si elle rencontrait une chose qui la troublait, elle pouvait lui ordonner d'aller dans la lumière et que cette chose disparaîtrait pour de bon.

Nous avons fermé les rideaux et ouvert les fenêtres pour permettre qu'un changement physique s'opère dans la maison, et à la fin, la maison était claire et harmonieuse.

Je crois personnellement que de plus en plus de gens vont se mettre à voir des entités de toutes sortes. Nous commençons à peine à saisir le nombre infini de dimensions spirituelles et d'entités qui existent. Il est très important de ne pas avoir peur et de s'armer de techniques efficaces. Peut-être faudrait-il ouvrir (dans un sens seulement) des portails de lumière partout dans le monde afin de maintenir un équilibre.

13
Protection

Il est extrêmement important de vous protéger pendant que vous travaillez avec les fantômes et d'autres êtres surnaturels. Votre façon de vous protéger dépendra de votre propre évolution spirituelle. Certaines personnes ont tendance à attirer plus d'entités désincarnées que d'autres. On dit souvent de ce genre de personnes que ce sont des « aimants à fantômes ». Cela ne signifie pas que quelque chose ne va pas chez elles. Cela veut simplement dire qu'il leur faudra se purger énergétiquement et se protéger davantage. Quand vous serez habitué à augmenter votre vibration et que vous vous ferez confiance comme passeur de fantômes, vous les trouverez moins dérangeants. Je vous en prie, ne soyez pas prisonnier de votre ego. Les choses sont ce qu'elles sont, et vous seul saurez si vous devez être plus vigilant que les autres. Respectez qui vous êtes, et il vous sera facile d'assurer votre niveau de développement spirituel.

Si c'est nouveau pour vous de travailler avec le paranormal, ou si vous êtes devenu un enquêteur paresseux, voici quelques techniques de protection. D'abord et avant tout, lorsque vous êtes appelé chez quelqu'un que vous ne connaissez pas, vous n'avez aucune idée du genre d'énergie que vous allez y trouver. Cela signifie que vous devriez toujours vous centrer et faire le vide avant même de pénétrer dans son espace. Vous devriez faire de votre mieux pour élever votre vibration personnelle à l'aide de la prière ou de la méditation. C'est une excellente idée de prendre vos collègues enquêteurs par la main pour former un cercle de protection avant d'entamer une enquête.

Ma prière de protection favorite est bien acceptée parmi les groupes paranormaux : c'est la « prière à saint Michel archange ». Quelle que soit la religion que vous pratiquez, les archanges sont là pour tout le monde. L'archange Michel vient dès qu'on l'appelle, et si vous êtes sensitif, vous pourriez voir et sentir son énergie. Cette prière peut être consignée sur une petite carte de prière (achetée en ligne à très bon marché). Vous pouvez aussi l'imprimer. Chaque enquêteur dans votre groupe devrait avoir mémorisé cette prière ou en garder une copie sur lui sur le terrain. Que vous croyiez au ciel et à l'enfer, comme les religions les enseignent, c'est sans importance. Cette prière est très puissante et ça marche !

Prière à l'archange saint Michel

Archange saint Michel,
défends-nous dans les combats ;
sois notre protecteur contre la méchanceté et les embûches du démon.
Que Dieu l'admoneste, nous le supplions,
et toi, Prince des hôtes célestes,
par le pouvoir qui t'a été confié,

précipite au fond des enfers Satan et les autres esprits mauvais
qui parcourent le monde pour la perte des âmes.
Ainsi soit-il.

La médaille de saint Benoît

Une autre façon de vous protéger est de porter une chose qui signifie une protection pour vous. Pour certains, cela pourrait être le crucifix ou la médaille miraculeuse, quoique quand quelqu'un se fait réellement « attaquer », je recommande la médaille de saint Benoît. Peu importe que la personne soit catholique ou pas, la médaille fonctionnera de toute façon. Je recommande que cette médaille soit bénie avant d'être portée. Traditionnellement, cette médaille était particulièrement puissante lorsqu'elle avait été bénie par un prêtre bénédictin. Mais aujourd'hui, le pape permet à n'importe quel prêtre catholique de bénir ces médailles avec les mêmes pouvoirs protecteurs.

Qu'est-ce qui fait de cette médaille une amulette protectrice aussi puissante ? Une prière puissante est gravée sur la médaille de saint Benoît, qui offre une solide protection contre les esprits diaboliques et négatifs. À l'envers de cette médaille ronde, la croix domine. Sur les bras de la croix sont inscrites les initiales de la prière latine (CSSML NDSMD), soit *Crux sacra sit mihi lux ! Nunquam draco sit mihi dux !* La traduction française est : *La croix sacrée doit être ma lumière. Le dragon ne doit pas être mon guide.* Au-dessus de la croix est écrit le mot latin *pax,* qui signifie « paix » – qui a été la devise des Bénédictins pendant des siècles. Autour du bord de la médaille, il y a d'autres initiales (VRSNSMV SMQLIVB), ce qui représente la prière latine pour l'exorcisme : *Vade retro satana, numquam suade mihi vana. Sunt mala quae libas, ipse venenum bibas! Cela signifie : Arrière Satan, ne me tente jamais par la vanité. Ce que tu offres, ce n'est que du mal, ravale ton poison.*

Certains d'entre vous ne rencontreront jamais d'entités assez noires pour utiliser cette prière, et c'est une bonne chose. Cependant, d'autres seront confrontés à des forces beaucoup plus obscures, et il est important que vous et votre famille et/ou vos clients sachiez comment les vaincre.

L'amulette personnelle

Une amulette personnelle est quelque chose que vous fabriquez vous-même et que vous portez ou transportez pour votre protection. On peut fabriquer cet article avec à peu près n'importe quoi, allant du simple caillou à l'anneau de mariage de votre grand-mère. Il n'est pas nécessaire que cet objet ait une signification particulière pour vous jusqu'à ce que vous lui insuffliez l'énergie que vous désirez. Disons que vous avez un objet simple et courant, par exemple, une pièce de monnaie que vous souhaitez utiliser pour votre protection. Avant que cette pièce de monnaie ait le pouvoir de vous protéger, elle devra être bénie. Elle peut être bénie par vous ou par une personne que vous connaissez et en qui vous avez confiance. Il faudra prier sur la pièce de monnaie et l'utiliser pour la méditation avec l'intention de lui conférer des pouvoirs protecteurs. Vous devriez également vous assurer qu'elle a la capacité d'éloigner les entités négatives ou toute énergie susceptible de vous nuire.

Lorsque je crée une nouvelle amulette de protection, je la plonge dans l'eau bénite ou l'entoure de fumée d'encens. Si vous optez pour l'encens, choisissez un encens qui possède un arôme à vibrations élevées et évitez les fragrances artificielles fruitées. Les meilleurs arômes sont l'oliban et la myrrhe. J'ai aussi utilisé le Nag Champa (de l'Inde), que l'on trouve dans les librairies métaphysiques ou les magasins d'alimentation naturelle.

Pendant que vous tenez l'article que vous avez choisi, concentrez-vous pour en élever la vibration et pour le sceller avec des propriétés protectrices. Vous pouvez solliciter l'aide de vos anges gardiens ou de vos guides. Quand vous aurez travaillé un objet de cette façon, il retiendra l'énergie que vous y aurez insufflée. Même une banale pièce de cinq sous aura le pouvoir de vous protéger durant une enquête !

L'eau bénite

On se sert de l'eau bénite comme protection contre les énergies négatives et pour la purge d'une personne ou d'un lieu hanté. Vous pouvez commander de l'eau bénite en ligne ; vous pouvez aussi en obtenir de votre paroisse ou de n'importe quelle église de votre municipalité. J'utilise habituellement de l'eau bénite combinée à du sel de mer lorsque j'effectue des rituels de purification. Il ne sera pas nécessaire d'inonder l'endroit, quelques gouttes feront l'affaire. Plongez vos doigts dans l'eau bénite et, tout en disant votre intention ou votre prière, lancez des gouttes sur les murs, au plafond et par terre. C'est bien d'allumer une chandelle d'un blanc pur lorsque l'on effectue ce type de purge. Tel que mentionné au chapitre 4, l'eau bénite peut aussi être utilisée dans l'eau de la baignoire pour vous y immerger.

Vous pouvez aussi fabriquer votre propre eau bénite que vous utiliserez pour la purge et la protection. Comme nous l'a enseigné le Dr Masaru Emoto dans son étude scientifique de l'eau, vous pouvez la charger pour l'intention de votre choix. Dans son livre *Le pouvoir secret de l'eau,* le Dr Emoto explique de quelle manière les sentiments et les mots peuvent littéralement changer la structure de l'eau. Si vous souhaitez fabriquer votre propre eau bénite, il suffit de suivre les instructions que voici :

1. Remplissez un contenant d'eau et refermez le couvercle.

2. Écrivez sur le contenant le ou les mots que vous souhaitez instiller dans l'eau. Ce pourrait être « protection, guérison, purification, amour », etc. Le choix des mots vous appartient.

3. Mettez le contenant au congélateur jusqu'au lendemain. Quand l'eau gèle, la structure des cristaux d'eau change.

4. Sortez l'eau glacée du congélateur et laissez-lui le temps de fondre naturellement.

5. L'eau est prête à l'usage.

Vous pourriez aussi fabriquer votre propre eau bénite en remplissant un contenant d'eau et en priant. Tout dépendant de vos pratiques spirituelles, vous pourriez faire brûler de l'encens autour de l'eau ou y mettre des cristaux puissants ou d'autres amulettes que vous trouvez bénéfiques avec l'eau. Vous pouvez méditer sur l'eau et en augmenter la fréquence, pour lui donner des propriétés de purification et de protection. Il est parfois préférable de charger l'eau chaque jour pendant une semaine pour en augmenter l'efficacité.

Le sel de mer

Le sel de mer semble repousser les énergies obscures et on s'en sert souvent comme moyen de protection. Après avoir purgé l'espace de sa maison, et avoir fait passer les fantômes de l'Autre côté en s'assurant qu'aucune énergie noire ne traîne dans les environs, la personne peut utiliser le sel de mer pour protéger son espace contre la contamination. Si vous versez du sel de mer devant vos portes et que vous en mettez une pincée au-dessus des fenêtres et des portes d'entrée, le sel travaillera pour interdire votre maison aux énergies indésirables.

Le trempage dans le sel de mer sert également à purger et à guérir. Si vous sentez que vous avez des entités noires autour de vous, prenez un long bain au sel de mer. Certaines personnes sont simplement plus enclines aux attachements et auront besoin de se purger elles-mêmes régulièrement. Se baigner dans l'océan fonctionne comme un bain avec du sel de mer. Assurez-vous de bien vous immerger si vous avez un attachement particulièrement tenace.

La purge à la sauge

On peut utiliser la sauge pour purger une maison, une personne, un terrain, un véhicule ou un objet. Elle est particulièrement utile pour chasser l'énergie résiduelle. La sauge vous aidera à chasser les entités négatives qui ont été créées par des émotions humaines comme la colère. Elle ne fera pas traverser un fantôme et ne chassera pas un démon, mais elle élèvera la vibration et aidera à diminuer l'emprise qu'ils ont sur leur entourage — il vous sera ainsi plus facile de les libérer à l'aide d'autres méthodes.

Je préfère utiliser un paquet de sauge blanche séchée et attachée avec une corde. Quand je fais brûler le bout d'une botte de sauge, je la tiens au-dessus d'une assiette ou d'un coquillage pour protéger l'endroit des braises ou des flammes. Veillez bien à ce que la fumée de la sauge remplisse chaque coin de la pièce, incluant les placards et les cagibis.

Pendant que les coins se remplissent de fumée, l'idéal est de déclarer une intention ou de réciter une prière. Je préfère dire des prières à haute voix pour remplir les lieux de la vibration des mots bénis. Vous pouvez dire la prière que vous voulez, qu'elle soit officielle ou improvisée. Mais assurez-vous de demander protection et lumière et de laisser partir toutes les énergies usées, noires, négatives et à basses vibrations, tout en permettant à l'énergie remplie de lumière, de paix, d'amour et de joie, d'envahir votre maison.

Aussitôt que vous avez purgé votre domicile de fond en comble (garage inclus), il est important d'ouvrir les fenêtres et d'allumer toutes les lumières afin d'aérer la maison. S'il y a des ventilateurs de plafond, faites-les fonctionner quelques minutes pour chasser la fumée et faire transiter l'énergie. Vous devriez noter un changement radical par rapport au moment où vous avez commencé. Il y a quelques années, je purgeais une maison quand j'ai vu des ombres noires bouger et tourbillonner sur les murs en essayant de s'éloigner de moi. Sans céder à la peur, j'ai continué à purger la maison. Quand j'ai eu terminé, ces énergies étaient parties pour de bon. Lorsqu'une maison a été purgée, c'est à la personne ou à la famille de la garder dans cet état.

Les cristaux

Certaines personnes peuvent être attirées par les cristaux ou les pierres qui ont des propriétés protectrices, en particulier lorsqu'elles ont affaire à des énergies négatives. Les pierres ci-après sont connues pour amplifier votre vibration.

La tectite

La tectite est bien connue pour sa capacité à amplifier la vibration personnelle de quelqu'un ; on s'en sert pour se protéger des formes de pensées négatives, des esprits et autres entités.

La moldavite

La moldavite est une pierre à très haute vibration ; ma favorite. C'est une forme de tectite que l'on croit issue d'une météorite, abondante dans une petite localité tchèque.

L'obsidienne noire

L'obsidienne noire est connue pour sa capacité à purger l'aura et elle fournit de puissantes énergies protectrices, assistant la personne à se défaire de ses habitudes négatives et à chasser les attachements énergétiques négatifs.

L'améthyste

L'améthyste produit une vibration élevée qui offre protection et une purification spirituelle.

Le quartz fumé

Le quartz fumé est l'une des plus importantes pierres d'ancrage et elle est extrêmement protectrice.

La tourmaline noire

La tourmaline noire est une puissante pierre de protection contre les énergies négatives de toutes sortes, tout en étant une excellente pierre d'ancrage spirituel. On croit que la tourmaline noire est l'une des meilleures pierres de protection que l'on puisse utiliser.

Le diamant Herkimer

Les diamants Herkimer ne sont habituellement pas associés à la protection, mais ils sont extrêmement puissants pour amplifier la vibration personnelle d'un individu. Ils améliorent la vision et la clarté de votre intuition, et détournent l'énergie négative des gens qui manquent de volonté.

Il y a quelques années, une amie m'a offert un diamant Herkimer et m'a dit de le mettre sous mon oreiller pendant mon sommeil. J'avais utilisé de nombreux cristaux au fil des années, mais ils n'avaient jamais produit le type d'effets que cette minuscule pierre créait. Toute la nuit, j'avais vu des éclairs de lumière similaires à des feux d'artifice sortant de ma tête. J'ai eu du mal à dormir la première nuit, mais durant les semaines suivantes, mon corps s'était ajusté à la vibration extrêmement élevée de la pierre.

Après quelques semaines, j'ai dit à mon amie que ma pierre avait cessé de fonctionner. Pour une raison ou une autre, les effets lumineux avaient cessé et je la sentais à peine pulser dans la paume de ma main. Elle a ri et m'a expliqué que ma vibration s'était amplifiée pour correspondre à celle de la pierre. Elle n'était pas défectueuse. En fait, elle avait très bien fonctionné. C'est une pierre merveilleuse à utiliser pour la méditation ou avant une enquête.

Vous pouvez transporter n'importe laquelle de ces pierres dans votre poche ou en pendentif. Vous pouvez aussi dormir avec une ou plusieurs pierres sous votre oreiller. Il vaut mieux les mettre dans un petit sachet afin qu'elles ne s'éparpillent pas durant la nuit. Assurez-vous de nettoyer vos pierres si vous les emportez avec vous lors d'une enquête afin qu'elles puissent rester fonctionnelles. Les pierres peuvent elles aussi attraper des attachements —

en particulier les pierres de protection, qui peuvent effectivement absorber l'énergie négative en tentant de vous épargner.

L'interruption d'énergie

Vous pouvez purger votre énergie grâce à une simple interruption d'énergie. Cela coupera votre énergie de n'importe qui ou n'importe quoi avec lesquels vous serez entré en contact. Vous pouvez même vous en servir pour séparer votre énergie de la personne qui semble vous siphonner la vôtre. La protection s'effectue avant et durant le contact spirituel, et l'interruption d'énergie est ce qui vient après.

Vous devriez procéder à une interruption d'énergie afin de conserver votre énergie. Cela empêchera que n'importe quoi s'attache à vous. Il suffit de frotter vos deux paumes ensemble en les tenant devant vous, les coudes pliés. Poussez ensuite votre main gauche vers l'extérieur, devant vous, pour retourner l'énergie indésirable, tout en ramenant votre main droite vers votre corps, pour recueillir votre propre énergie.

Vous pouvez utiliser une autre technique qui vous convient, pourvu que l'intention soit de créer une interruption d'énergie. Vous pourriez imaginer que vous séparez votre énergie avec un couteau invisible, ou faire un geste de la main par-dessus votre corps et votre tête. Si vous vous apercevez que vous pensez à la situation de quelqu'un d'autre longtemps après avoir mis un terme à votre conversation, vous avez absorbé une partie de son énergie. Si vous procédez à une interruption d'énergie, votre esprit devrait cesser de se connecter aux problèmes de l'autre.

Le Thetahealing^{MD}

Le Thetahealing^{MD} est également utilisée pour protéger les gens des attachements énergétiques négatifs. En fait, si vous faites suffisamment de Thetahealing^{MD} sur vous-même, vous n'aurez pas besoin d'utiliser de moyens de protection physiques. Si vous purgez suffisamment de croyances (dont certaines sont littéralement archaïques), votre corps dégagera naturellement une vibration très élevée et sera imperméabilisé contre les attaques psychiques et d'entités. Quand vous aurez purgé les croyances et programmes inconscients qui font de vous la cible de vibrations plus faibles, vous pourrez vous reprogrammer afin que toute vibration inférieure cherchant à s'attacher à vous soit immédiatement renvoyée dans la lumière. En un sens, vous créez une source constante de lumière autour de votre corps physique, et vous n'aurez pas besoin de chasser les entités une par une. En participant à vos progrès à travers les niveaux spirituels, vous réaliserez un jour que vous n'avez plus besoin de protection ou de vous entourer de lumière… parce que *vous êtes la lumière*. Nous sommes tous divinement connectés à la lumière en tout temps, à moins que nous ne choisissions librement de ne pas l'être. Dès que l'on maîtrise le plan physique et que l'on comprend le fonctionnement de tous ces outils et techniques, on peut arriver à le faire sans outils.

Acceptez d'être là où vous en êtes maintenant. Ce n'est pas une course. Il serait malsain et irresponsable pour vous de vous lancer dans la mêlée sans protection, sans avoir d'abord franchi les différents niveaux spirituels. Sachez simplement que vous êtes dans un cheminement et que tout sera plus facile à maîtriser à mesure que vous avancerez.

Conclusion

Certaines personnes sont nées avec une ouverture et sensibilité leur permettant de voir les esprits dès leur plus jeune âge. Certaines conservent cette aptitude, alors que la majorité la perd avec le temps. D'autres s'ouvrent spontanément à l'aube de la cinquantaine, survivent à un événement qui change leur vie, ou ont une expérience de mort imminente. D'autres encore n'auront aucun contact avec le monde des esprits jusqu'à leur dernière heure. Mais une chose est sûre : le monde des esprits est partout autour de nous et il fait naturellement partie de la vie sur terre.

Si vous n'avez jamais été personnellement en contact avec le monde des esprits, le meilleur endroit pour commencer est au niveau de votre propre guérison. Très souvent, nous sommes tellement écrasés par des croyances, des peurs et des jugements qui nous limitent, que nous ne pouvons accéder aux plus hauts plans vibrationnels, tant que nous ne sommes pas guéris. J'ai connu un nombre incalculable d'individus qui ont entrepris un cheminement de guérison de leur propre vie, et qui ont fini par avoir des capacités psychiques et médiumniques. Ces capacités n'étaient pas vraiment ce qu'ils cherchaient lorsqu'ils ont entrepris ce cheminement, mais elles ont tout naturellement résulté du processus.

Quand j'ai entrepris mon propre cheminement de guérison, je possédais déjà plusieurs dons. Je me suis sentie appelée à aider les gens à guérir et je savais que pour y arriver, je devais d'abord me guérir moi-même. Il fallait me débarrasser de mes rancœurs, de mes ressentiments, de ma colère et des pensées qui me limitaient. Il fallait que je fouille dans mon inconscient pour découvrir quelles émotions m'empoisonnaient la vie et quels problèmes m'empêchaient d'avancer. Il fallait que je purge ma vie de ces vieux fardeaux, si je voulais accéder à plus de lumière et d'énergie de guérison. J'étais jeune quand j'ai entrepris cette quête, mais la technique de Thetahealing^MD a considérablement accéléré le processus. En plus de me guérir moi-même, j'étais enfin capable d'accéder facilement au monde des esprits. J'étais enfin en mesure d'utiliser mes dons et mes aptitudes pour aider mes semblables et réaliser mon objectif de vie.

Je suis capable d'utiliser mes capacités dans les enquêtes paranormales parce que je peux détecter les fantômes et obtenir des informations de leur part. Il m'est devenu facile de faire passer les fantômes de l'Autre côté, et cela n'a rien de dramatique. Je peux aussi chasser les entités noires lorsque je les détecte. J'arrive à communiquer plus efficacement avec le monde des esprits, et je peux lire l'environnement pour obtenir des renseignements sur l'histoire d'un lieu.

Les chamans, les mystiques et les moines bouddhistes sont capables d'accéder à l'onde cérébrale thêta à travers la prière, le jeûne et la méditation. Mais pour la plupart, nous ne vivons pas dans un lieu isolé et n'avons pas consacré notre vie à la prière, et c'est bien ainsi. Nous pouvons néanmoins entraîner notre cerveau à utiliser des ondes cérébrales plus lentes pour atteindre le même état de conscience. Certains pourront lire ce livre et atteindre l'onde cérébrale thêta en un instant. Ils pourront donner les ordres et voir les fantômes passer de l'Autre côté sur-le-champ. Certains sentiront qu'ils auraient avantage à suivre des cours avec un professeur expérimenté. C'est correct aussi. En suivant un cours, vous apprendrez comment chasser les peurs et croyances qui vous limitent et vous empêchent d'atteindre l'onde cérébrale thêta à volonté. Si vous suspectez que vous pourriez refouler certaines de vos propres aptitudes, prenez rendez-vous avec un guérisseur Thêta ou avec quelqu'un qui saura vous purger des croyances qui vous limitent.

La Loi de l'attraction est une loi réelle, universelle, mais elle fonctionne d'abord avec l'inconscient plutôt qu'avec le conscient. Votre inconscient est responsable de la création de la vie que vous vivez aujourd'hui. Votre conscient peut savoir que vous désirez une tout autre vie, mais il ne sera pas capable de vous y amener tant que vos croyances inconscientes (cachées) ne seront pas à l'unisson. Si vous craignez l'inconnu et que quelque chose vous fait peur dans le monde des esprits, il est quasiment garanti que vous attirerez cette expérience à vous.

La peur est détectée au niveau inconscient et vous ne pouvez la cacher au monde des esprits. Comme les animaux qui peuvent sentir la peur et savoir quand attaquer, les entités le savent aussi. Pour assurer votre sécurité, veillez à utiliser la technique de protection et de purge présentée dans ce livre. Vous voudrez peut-être aussi travailler sur vos croyances pour vaincre toutes vos peurs. Le jour où vous vous débarrasserez de vos schémas de peur, vous n'attirerez plus les entités noires ou des expériences néfastes et vous y gagnerez une vérité plus profonde en ce qui concerne le monde des esprits.

L'information contenue dans ce livre vous permettra de vous reconnecter avec ceux que vous avez perdus et vous aidera à reconnaître les signes qu'ils vous envoient. Vous serez capable de communiquer avec les esprits et d'aider les fantômes à passer de l'Autre côté. Vous serez capable de chasser les entités noires sans crainte et sans difficulté. Accomplir ce travail peut aider à rétablir votre foi en une force créatrice qui vit à travers nous et autour de nous, et que rien ne peut détruire. Plus vous guérirez et travaillerez avec les techniques de ce livre, plus vous serez capable de voir à travers le voile — jusqu'à ce qu'un jour, vous réalisiez qu'il n'y a pas de voile du tout. Ce sont seulement vos croyances qui séparent le monde des vivants de celui des morts.

Souvenez-vous toujours que Dieu nous a donné l'autorité sur les esprits diaboliques. Peu importe à quel système de croyances vous adhérez, chaque humain détient cette autorité. Lorsque l'on ordonne à un esprit démoniaque de partir — tout en étant connecté à la lumière — il doit partir. Bien que je n'aie pas l'habitude de citer la Bible, je sens que ce passage de Matthieu 10,7-8 résume bien les choses :

> *Chemin faisant, proclamez que le royaume des cieux est tout proche.*

> *Guérissez les malades, ressuscitez les morts, purifiez les lépreux, expulsez les démons. Vous avez reçu gratuitement, donnez gratuitement.*

J'interprète les mots « ressuscitez les morts » comme reflétant notre capacité à aider les morts en les faisant monter dans la lumière. Matthieu ne parlait certainement pas d'élever une nation zombie ici sur terre. Ressusciter les morts signifie trouver les âmes perdues et les envoyer à Dieu.

Si vous avez été appelé à travailler avec les esprits et à faire traverser les fantômes de l'Autre côté, sachez qu'il s'agit d'un appel divin. Nous sommes ici pour guérir les malades et pour chasser les démons. C'est-à-dire vous… et moi… et nous tous. Cela fait partie de notre héritage divin, et nous sommes censés savoir comment nous protéger et assurer la sécurité de notre planète.

Je vous encourage à utiliser ce livre pour vous aider à réaliser votre propre connexion avec le monde des esprits, et je vous souhaite joie et guérison en vous reconnectant avec vos êtres chers qui sont dans l'Au-delà.

À propos de l'auteure

Diana Palm est guérisseuse spirituelle, maître reiki diplômée et médium. Elle enseigne les enquêtes paranormales, le Thetahealing^{MD} et la médiumnité, et travaille auprès d'enquêteurs du paranormal pour chasser les fantômes qui hantent certains lieux. Des retraites de Thetahealing^{MD} sont prévues tout au long de l'année à Menomonie, dans le Wisconsin. Diana offre également des consultations téléphoniques privées. Vous la trouverez en ligne à ConnectWithTheLight.com

ADA éditions

www.ada-inc.com
info@ada-inc.com

www.facebook.com/EditionsAdA

www.twitter.com/EditionsAdA